序言
Introduction

　　常州历史悠久，文化遗存丰富。早在30万年前的旧石器时代即有古人类活动，境内新石器时代马家浜文化、崧泽文化和良渚文化遗址达30多处，其中圩墩、三星村、新岗和寺墩等遗址考古都有重大发现。距今7000年的马家浜文化时期圩墩遗址出现了发达的稻作农业；而良渚文化时期的寺墩遗址规模巨大，是除浙江反山、上海福泉山遗址群外，良渚文化晚期的核心区域之一，特别是寺墩3号墓发现了大量玉璧、玉琮等礼器，显示出常州在中华文明起源过程中的重要地位；金坛土墩墓群反映了江南地区商周时期吴越文化的面貌；淹城遗址是全国唯一的春秋时期三河三城形制的古城遗址；戚家村南朝墓葬的画像砖纹饰潇洒飘逸，见证了中国美学发展史上的魏晋风度；武进村前南宋墓葬戗金漆器等珍贵文物的发现，凸显当时社会经济文化的繁荣；作为世界文化遗产京杭大运河的重要枢干，运河哺育了常州，也留下了许多重要遗迹和动人故事。

常州博物馆于 1958 年正式成立，长期从事全市文物保护、收藏、研究、展示和社会教育服务工作，1995 年在馆内开创性地增设少儿自然博物馆，由此成为国内为数不多的集历史、艺术、自然为一体的综合性博物馆。2007 年 4 月，建筑面积 2.8 万平方米的新馆建成开放，同时推出《龙腾中吴——常州古代历史文化陈列》《神奇的自然 美丽的家园——自然资源陈列》《谢稚柳艺术陈列》《刘国钧先生捐献红木家具陈列》四个常设展览。新馆开馆以来共接待观众 500 多万人次，获得广泛社会赞誉和多项国家及省级荣誉。经社会各界大力支持和全馆同仁不懈努力，常州博物馆先后获评全国最具创新力博物馆和国家一级博物馆。

　　在新馆运行十年后，为改善文物标本展示环境的质量，常州博物馆采用先进的展陈技术设备和积极的预防性保护措施，对《龙腾中吴——常州古代历史文化陈列》《神奇的自然 美丽的家园——自然资源陈列》两个基本陈列进行了改造修葺，并补充了部分考古发现新成果和近年征集的自然标本，以及多媒体互动装置，力争使展陈的内容与形式能够满足人们日益增长的文化需求，达到文物保护与博物馆事业发展的更高标准。

《龙腾中吴——常州古代历史文化陈列》主要以常州区域内历年考古出土珍贵文物为载体，立体呈现常州数千年来的历史足迹和文化脉络，以及常州人的生活态度、思想情感、价值取向等，较为全面地阐释常州在古代中国政治、经济、文化领域所发挥的作用。《神奇的自然 美丽的家园——自然资源陈列》用来自世界各地的精美标本和逼真的仿真景观，再现了地球生命的进化历程、纷繁的美丽自然、秀丽的故乡大地，展览形式生动活泼、内容深入浅出，集知识性、艺术性、趣味性于一体，成为广大观众特别是青少年朋友亲近自然和重识乡土的绝佳窗口。

　　值此展示提升工程完成之际，我们推出配套的展览丛书。本书以图片为主，辅以必要的文字说明，目的是让读者能够更方便、更深入地了解常州地方历史文化和我们赖以生存的自然环境，并给有志于从事博物馆研究的专家、学者提供帮助。希望此书能成为各界人士了解常州博物馆的窗口，同时，也奉献给为常州博物馆发展而呕心沥血的前辈、同仁。

常州博物馆馆长　林健

目录
Contents

前言
Introduction

　　常州古名延陵，是春秋战国时期著名的思想家季札的封邑。延陵季子以其谦逊诚信的高贵品质丰富了中国文明的道德内涵，并有助于在蛮武的越人世界建立起儒雅淳厚的人文传统。这一传统不仅发展出常州地区历史文化的主脉，也构筑起常州人民温馨的精神家园。六朝齐梁时代，这里虽属龙兴之地，文学的发展却达到了令人炫目的程度。随着唐宋时期常州地区的自然改造和经济发展，常州的政治地位不断提升，发展成"中吴要辅，八邑名都"。常州文化的人文品格也得到进一步伸张。英杰辈出，人才济济，成为常州历史上一个突出的亮点，尤其在明清时期，涌现出一批富有创造意识和社会责任感的学者群体，为社会结构变迁中的中国注入了新的活力，也使这片土地得到了"天下名士有部落，东南无与常匹俦"的赞誉。亲爱的观众，让我们循着先人的足迹，去领略和体会人文常州的独特魅力。

圩墩遗址

从现存的考古资料看，生活在八千多年前的圩墩人是距今较早的
代常州地区最早的新石器时代先民。圩墩遗址位于常州市东部清潭村附
近的圩墩公园，南北约分布于万平方米，先民通过主要为马
家浜文化和崧泽文化两阶段，其中马家浜文化遗存相当丰富的
量，延续的时间较长，年代跨度约为6000-5000年之间。

史前常州
Prehistoric Changzhou

地处太湖流域西北缘的常州地区是一片古老的土地。金坛和尚墩出土大量旧石器时代的工具，表明30万年前这里就有人类生息。进入新石器时代，这片土地上依次经历了马家浜文化、崧泽文化和良渚文化。圩墩和寺墩分别是马家浜文化和良渚文化具有重要影响的遗址。寺墩三号墓大量玉礼器的出土，证明这里是仅次于浙江良渚的中心聚落。

– 马 家 浜 文 化 –
Majiabang Culture

　　马家浜文化是太湖流域迄今发现最早的新石器时代文化，因浙江嘉兴马家浜遗址而得名，分布区域南达浙江的钱塘江北岸，西北即在常州一带。马家浜文化距今约7000年至6000年。这时原始农业开始发展起来，采集和渔猎仍是重要的补给手段，社会处于母系氏族阶段，氏族成员共同劳动、共同分配消费。常州地区的马家浜文化遗址包括圩墩、神墩、丁堰果园等，圩墩遗址最为典型。

陶塑人面 | Ceramic Human Face

马家浜文化（前 4500～前 3900）
Neolithic Majiabang culture (4500BC-3900BC)
通长 4.8、通宽 3 厘米
1985 年常州圩墩遗址出土

泥质灰陶，捏制而成，以阴线刻画出双眼和嘴，堆塑圆球形鼻子，鼻子两旁各有数道刻痕，具有新石器时代早期雕塑艺术风格。这件难得的史前手工塑像作品，整体制作简单粗犷而不失生动传神，反映出 6000 多年前常州先民的原始风貌。塑像顶部钻一排小孔，据专家考证是安插羽毛之用。人面塑像应与当时的祭祀活动有关，代表着一种质朴的原始祖先崇拜。

网坠 | Weights Attached to a Fishnet

①   ②   ③

马家浜文化（前 4500～前 3900）
Neolithic Majiabang culture (4500BC-3900BC)
常州圩墩遗址出土

陶网坠：①长 7 厘米，最宽 5 厘米，泥质，褐色，椭球体，中部对空。
②长 5.5 厘米，宽 2.3 厘米，泥质，褐色，长方体，两端刻有凹槽。
③石网坠残长 8.5 厘米，灰黑色，呈圆锥形，一端有两条刻槽，另一端残损。
其功能与现在的网坠相似，系于渔网之上，使之快速下沉捕鱼之用。一起出土的还有骨质鱼钩、鱼镖等捕鱼工具，说明马家浜文化时期，常州地区水系众多，当时的捕鱼技术已相当发达。

穿孔石锄 | Perforated Stone Hoe

马家浜文化（前 4500 ～前 3900）
Neolithic Majiabang culture (4500BC-3900BC)
长 10.1、厚 1.4、刃最宽 14.5 厘米
1974 年常州圩墩遗址出土

青灰色，整体扁平，除端部外，三侧均打磨出刃，刃部光滑锋利，器身中上部有一长方形孔。孔内安装把手，即可锄地，功能与现在的锄头相差无几，足见当时农耕技术已发展到相当高的水平。

三孔石刀 | Triple-perforation Stone Knife

马家浜文化（前 4500 ～前 3900）
Neolithic Majiabang culture (4500BC-3900BC)
长 6.6、刃最宽 16 厘米
1974 年常州圩墩遗址出土

青褐色，近似长方体，刃部打磨光滑，两侧平直，器身中上部有三个大小相同的对钻圆孔。使用时，可手持，圆孔便于抓握固定，作削割之用；或在孔内穿绳系于木棍之上，用作砍伐。

厚壁陶罐 | Thick Wall Tank

马家浜文化（前 4500 ～前 3900）
Neolithic Majiabang culture (4500BC-3900BC)
口径 15.5、高 21.5 厘米
常州圩墩遗址出土

泥质灰陶，敞口，宽口边，束颈，弧腹，小平底。腹中上部饰一对扁平耳，颈下及双耳间各饰两周凹弦纹。罐体厚实，双耳中空可以穿绳悬挂，是典型的马家浜文化时期取水用具。

陶釜 | Pottery Cauldron

马家浜文化（前 4500 ～前 3900）
Neolithic Majiabang culture (4500BC-3900BC)
口径 17、高 32 厘米
1992 年常州圩墩遗址出土

夹砂红陶，筒形，敞口，宽口边，束颈，斜肩，微弧腹，圜底。腹部饰斜向宽腰檐一周，位置较为靠上，口边及腰檐边缘均为锯齿形。釜是史前时期的一种炊具，可视为鼎的源头，而腰檐釜则是环太湖流域最具特征性的釜型器具，腰檐便于悬挂搁置，亦能双手端持，实用性强。

玉玦｜Jade Jue Penannular Ornaments

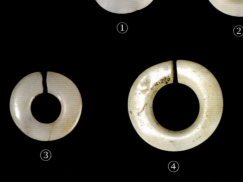

① ② ③ ④

马家浜文化（前 4500～前 3900）

Neolithic Majiabang culture (4500BC-3900BC)

常州圩墩遗址出土

① 外径 3.7、内径 1.7 厘米

② 外径 4、内径 1.6、厚 0.7、缺口 2 厘米

③ 外径 3.6、内径 1.5 厘米

④ 直径 5 厘米

　　圩墩遗址和其他同时期遗址一样，出土的玉器数量有限，种类不甚丰富，器形也较为简单，以佩挂于人体某一部位的装饰件为主。这些玉器的种类中又以玉玦常见，玉玦是其中最为主要的一种。

　　这组玉玦皆为顶部有缺口的圆环形，色呈乳白或黄白，间有黛色，个别有透明质感。其打磨光滑，质地均匀，究其形态应大多可夹于耳垂作装饰，或作其他配饰，体现了马家浜文化时期人们的制造技术和工艺水平，为研究太湖流域文化变迁提供了新的思索。

玉璜｜Jade Huang Semi-annular Pendant

① ② ③ ④ ⑤

马家浜文化（前 4500～前 3900）

Neolithic Majiabang culture (4500BC-3900BC)

常州圩墩遗址出土

① 长 9.6 厘米

② 长 8.5 厘米

③ 长 8、宽 1.5 厘米

④ 长 6.4 厘米

⑤ 长 7.9 厘米

　　璜是一种弧形片状玉器。作为我国最古老的玉器形制之一，早在距今 7000 年的新石器早期浙江余姚河姆渡文化中就有了玉璜。璜为上古礼玉"六器"之一，《周礼》载："以玄璜礼北方"。《说文》称："半璧为璜。"在考古发掘中，多发现于人的胸腹部，并往往是组玉佩饰中的佩件。实际上古代的玉璜不仅仅限于规整的半璧（半圆）形。各个时代的玉璜除具有圆弧形的特征外，其形制的变化非常大，只有少数是规整的半璧形。

　　此组玉璜皆为桥形，但长短、弯曲弧度略有不同。而色泽差异更为明显：以乳白居多，黄白、暗绿、褐色亦不在少数。有个别玉质较好。相同的是，他们的两端皆钻有小孔，想来是为佩戴方便作的设计。

木橹 ｜ Wooden Scull

马家浜文化（前 4500～前 3900）
Neolithic Majiabang culture (4500BC-3900BC)
橹身残长 120、橹面斜宽 18.4 厘米
1985 年常州圩墩遗址出土

　　由整块原木砍削加工而成，橹把断裂，凿有一小孔，橹身背面斜削，至橹尾渐薄，橹身中上部保留宽约 4 厘米的原木圆体，并在两边对应处开凿一长方形凹坑。从其外形结构来看，与近现代木橹基本相似，说明在 6000 多年前的马家浜文化时代，常州地区的先民已经掌握了较为先进的水上交通技术，长距离的水上航行成为可能。

木桨 ｜ Wooden Oar

马家浜文化（前 4500～前 3900）
Neolithic Majiabang culture (4500BC-3900BC)
通长 74、桨面长 27.2、残宽 6.4 厘米
1985 年常州圩墩遗址出土

　　由整块原木砍削加工而成，桨叶与桨杆一体，桨叶扁平有缺损，桨杆呈扁圆柱体以方便握持，不易滑动，桨杆靠近把手处有阴刻线两条，似为系绳之用，把手呈三角形，中间掏空。此桨造型与现代桨无异，实用性强。

［新岗遗址］

Xingang Site

［三星村遗址］

Sanxing Village Site

崧泽文化
SONGZE CULTURE

－ 崧泽文化 －

Songze Culture

　　崧泽文化上承马家浜文化，下接良渚文化，是长江下游太湖流域重要的新石器时代文化类型，因最早发现于上海青浦崧泽遗址而得名，距今约 6000 年至 5400 年。这时的社会结构开始出现较大变化，私有制逐步滋长，已明显出现等级与财富差异。常州地区崧泽文化遗址有新岗、乌墩等遗址。这些遗址清晰地勾勒出常州地区新石器时代文化类型演变的轨迹。

菱角形陶串饰 | Water Chestnut Shaped Pottery String Decoration

马家浜~崧泽文化（前 4500～前 3500）

Neolithic Majiabang culture-Neolithic Songze culture (4500BC-3500BC)

1 串 26 个，单个长 3、宽 1.7 厘米

常州金坛三星村遗址出土

　　夹砂褐陶，为仿菱角果肉造型陶塑，呈三角形，中部钻有一孔，可穿绳悬挂。史前时期的常州地区，沼泽密布，河网众多，菱角等水生作物较为常见，此陶制菱角形串饰当为有力的佐证。

陶勺 | Pottery Spoon

马家浜~崧泽文化（前 4500～前 3500）

Neolithic Majiabang culture-Neolithic Songze culture (4500BC-3500BC)

口径 12、高 7.3 厘米

常州金坛三星村遗址出土

　　泥质红陶，半球形，直口，弧腹，圜底，口边饰有一宽边把手，把手边缘钻有两个小孔，似可穿绳悬挂。碗体造型规整，胎质厚实，把手宽大，便于握持，是一件较为少见的史前实用器。

陶尊 │ Pottery Zun

马家浜~崧泽文化（前 4500 ~前 3500）

Neolithic Majiabang culture-Neolithic Songze culture (4500BC-3500BC)

口径 12.4、底径 11.2、高 11.7 厘米

常州金坛三星村遗址出土

　　夹砂红陶，侈口，束颈，鼓腹，喇叭形高圈足；圈足外撇，腹中部和圈足各饰一周凹点纹。陶尊胎体厚实，造型稳重，可能是史前社会的一种礼器。

陶锤 │ Pottery Hammer

马家浜~崧泽文化（前 4500 ~前 3500）

Neolithic Majiabang culture-Neolithic Songze culture (4500BC-3500BC)

长 9.2、宽 9.4、厚 1.9、孔径 2.2 厘米

常州金坛三星村遗址出土

　　夹砂褐陶，平面呈梯形，背脊处凿一条凹槽，凹槽中可放置木棍，器身中部有一对钻的圆孔，圆孔两侧各凿两处短凹槽，可穿绳绑缚于木棍之上。（图中木棍与绳索系出土后添加）从陶锤的形制上分析，应是一件史前时期的砍砸器，质地坚硬，结构巧妙、便于使用。

带盖花瓣足陶杯 | Petal Shaped Pottery Cup with Cover

崧泽文化（前 3900 ～前 3300）

Neolithic Songze culture (3900BC-3300BC)

口径 8.5、底径 8、高 18.8 厘米

常州新岗遗址出土

泥质黄褐陶，敞口，直腹至底部内收，花瓣形足，足底平，带有一斗笠形盖、柱形盖钮。腹部满饰轮制而成的弦纹，腹下部饰三周较深的凹弦纹，足部别刻一周三角形纹饰。杯体较为轻薄，造型规整、美观，花瓣形足为崧泽文化时期的典型特征，展现出崧泽文化先民高超的制陶技艺和独特的审美趣味。

带流罐 | Water Can

崧泽文化（前 3900 ～前 3300）

Neolithic Songze culture (3900BC-3300BC)

口径 12.4、底径 6.6、高 9.8 厘米

常州新岗遗址出土

泥质灰陶，小侈口，斜肩，鼓腹内收，小平底，肩部饰有一上翘的短流、流口较宽。此罐制作规整，带流造型较为少见，且保存十分完好，是一件难得的史前水器。

带盖罐 | **Covered Jars**

崧泽文化（前 3900 ～前 3300）

Neolithic Songze culture (3900BC-3300BC)

口径 10 ～ 11.6、底径 7.6、高 13.2 厘米

常州新岗遗址出土

　　泥质黄陶，花瓣形口，圆肩，折腹急向内收，平底，带有一盖，盖面钻有一对小孔，花瓣形盖边与罐口吻合。此罐的造型颇为别致，尤其是十二瓣花瓣形口边与配盖的样式甚为罕见，展现出原始先民独特的审美观。

陶甗 | **Pottery Yan**

崧泽文化（前 3900 ～前 3300）

Neolithic Songze culture (3900BC-3300BC)

通高 15.4 厘米，甑口径 11、高 6 厘米，鼎口径 8.4、高 10.6 厘米

常州新岗遗址出土

　　甑为侈口，斜腹，平底，底部有大小不等的孔洞六个，腹部饰锯齿形堆塑纹一周，现大部分为修复。鼎为敞口，宽口边，鼓腹，圜底，宽扁形三足。甑与鼎的组合器具，即为甗，是古代的一种炊具，类似于后世的灶台与蒸锅。这套陶甗尺寸较小，非实用器，是为陪葬而制的明器。

猪形陶尊 | **Pig Shaped Pottery Zun**

崧泽文化（前3900～前3300）
Neolithic Songze culture (3900BC-3300BC)
身长13、宽5.8、高5.9厘米，背孔长3.7、宽2.7厘米
常州新岗遗址出土

　　泥质黑陶，四肢残缺，胸部着地。猪身浑圆，双眼圆睁，长鼻，嘴微张，一对长獠牙外露，尾巴上翘。猪背上有一长方形开口，腹内空心。从腹部、颈部到前颅均刻划有极精细的纹饰，肩部的绞索纹被认为是崧泽文化流行的编织纹的变体形式。随着野猪的驯化，猪与人类的生产生活密切相关，是财富与地位的象征。在猪形陶尊身上刻划代表着氏族部落的图腾符号，应该是与原始的祭祀活动有关。这件制作精美、造型别致的猪形尊实属罕见，为太湖地区目前发现的同时期唯一类似器物，是反映常州先民原始信仰的史前祭祀礼器。

玉钺 | **Jade Yue Battle-Axe**

崧泽文化（前3900～前3300）
Neolithic Songze culture (3900BC-3300BC)
长20、宽8.4、厚1、孔径1.6厘米
常州新岗遗址出土

　　这件玉钺扁平梯形，斜顶，上部有一对钻圆孔，圆弧双面刃，刃上有使用痕迹。
　　玉钺，是由新石器时代的主要生产工具——石斧发展演变而来。到新石器时代晚期，玉钺除了有实战的功能以外，同时也演变成为掌握军事权力的象征。其为阳起石琢制而成，呈青白色，隐现绿斑。通体磨光。学者认为，它与玉琮、玉璧一起构成了用玉制度的核心，是显贵者阶层特定身份地位的玉质指示物。

玉璜 | **Jade Huang Semi-annular Pendant**

崧泽文化（前 3900 ～前 3300）

Neolithic Songze culture (3900BC-3300BC)

直径 13.8、内径 3.4、孔径 0.2 厘米

常州新岗遗址出土

　　此璜为青绿色，受沁而部分呈白色。器呈扇形，顶端左右各钻一小孔，可穿绳悬挂，其形制较同时期的一些玉璜，已属规整。

玉镯 | **Jade Bracelet**

崧泽文化（前 3900 ～前 3300）

Neolithic Songze culture (3900BC-3300BC)

外径 9、内径 6、厚约 0.6 厘米

常州新岗遗址出土

　　玉镯其色黄白，间有黛青斑，器表光洁。外壁凸圆至缘边呈尖状，内壁略平直。内壁有各两道沟槽，两槽夹角约呈六十度。

　　崧泽文化晚期已逐渐改变马家浜文化以来装饰玉器集中佩戴在头部的现象，镯、环等手腕部装饰品在崧泽晚期逐渐增多，这表明装饰玉器由头部扩展到上肢已成为新的时尚。此镯即为崧泽文化晚期典型器，其形体常凹缺不规整，有一类断裂后在断裂处两端分别钻孔或切割出沟槽，然后以绳线缀合的分体玉镯很有特点。

— 良渚文化 —
Liangzhu Culture

　　良渚文化是继崧泽文化后产生的新石器文化，因浙江省杭州市余杭良渚遗址而得名，年代约为距今 5400 年到 4300 年，主要分布在太湖地区。常州一带为其西北界。良渚文化在生产生活、社会管理、礼仪制度、手工技艺等方面高度发达，已率先跨入文明时代和早期国家的门槛，被学者称为"文明曙光"。以武进寺墩遗址为代表的常州地区是良渚文化时期地位仅次于浙江良渚的重要聚落。

十二节人面纹玉琮 | Jade Cong Emblem with Human Face Design

良渚文化（前 3300 ～前 2200）

Neolithic Liangzhu culture (3300BC-2200BC)

高 31.8、上端射径 7、下端射径 6.3、上端孔径 4.5、下端孔径 4.7 厘米

1973 年常州武进寺墩遗址出土

　　在良渚文化玉器中，玉琮的地位最为突出，琮为上古礼玉"六器"之一，《周礼》载："以黄琮礼
地"。它一般为高等级贵族所有，是沟通天地人神的礼器，蕴含着良渚先民的宇宙观念和精神信仰。

　　这件玉琮通体墨绿色，长方柱形，外方内圆，上大下小，中间圆孔系对钻而成。外表分为十二节，
每节以四角为中线，刻有人面纹四组，共四十八组。面孔由两条平行凸横棱、圆圈、凸横档构成，分别
表示羽冠、眼睛、鼻子或嘴巴。眼睛为单线圆圈，鼻子或嘴巴上刻卷云纹。这件玉琮，不仅制作精细、
玉质莹润，而且竟有十二节之多，可见其等级之高，为新石器时代良渚文化长琮中的一件精品。

人面纹玉琮 | Jade Cong Emblem with Human Face Design

良渚文化（前 3300 ～前 2200）

Neolithic Liangzhu culture (3300BC-2200BC)

高 7.89、上端射径 17、下端射径 16.7、上端孔径 5.8、下端孔径 5.7 厘米

1978 年常州武进寺墩遗址出土

　　此人面纹玉琮通体呈黑褐色，有青斑。扁方柱体，器形粗矮厚重。外方内圆、上大下小、中间有对钻孔圈，射面俯视如璧形。表面分为两节，每节以边角线为中线，以凸横棱、圆圈、凸横档分别表示冠帽、眼睛与嘴，构成一组简化的人面纹。全器四角上下八组图案。此玉琮体形颇大、比例匀称、规矩谨严、文质大方，体现了典型的东方气度，是良渚玉器中难得的精品。

人面兽面组合纹玉琮 | Jade Cong Emblem with Human Face and Animal Mask Design

良渚文化（前 3300 ～前 2200）

Neolithic Liangzhu culture (3300BC-2200BC)

高 6.1、上端射径 8.2、下端射径 8.1、孔径 6.7 厘米

1984 年江阴潘墅徐庄桥征集

　　该玉琮呈乳白色，有青灰色斑，边角稍有损伤。矮方柱形，中为对钻大孔，孔壁极为光洁。上端射口不平整，有两处凹痕，凹下处打磨光滑。器表以四角为中线，分为上下两节，合成简化神徽图案，共四组。每组上节为人面纹，凸起的横棱表羽冠，横棱上下两端为弦纹，中间线刻繁缛纹饰，其下重圈为眼，外圈两侧有对称的小三角形眼角，凸横档为鼻。下节为兽面纹，其椭圆形凸面、凸横档表示眼睑、额、鼻，重圈为眼，双眼仅内侧各有一小三角形眼角，鼻下线刻扁阔的嘴和上下两对獠牙。两节面纹皆线刻繁密的卷云纹作地纹。这一图案的线条细如毫发，堪称中国微雕之鼻祖。而这个神人兽面的形象，也可能就是良渚人崇拜的"神徽"。此器为良渚文化礼器的代表器形，由透闪石琢制、玉质滋润、琢磨精细，少量黄色点沁，器形规整，浅浮雕的兽面纹较抽象、线条精细、形象生动、工艺精湛，为良渚玉琮之佳品。

双孔玉刀 | Double-perforation Jade Knife

良渚文化（前 3300 ～前 2200）

Neolithic Liangzhu culture (3300BC-2200BC)

高 6.8、背宽 12.5、刃宽 13.5、厚 0.5、孔径 1.2 厘米

1977 年常州武进寺墩遗址出土

　　玉刀呈淡黄色，有褐斑。造型近长方形，刀中部有两个并列的对钻小圆孔，用以缚绳套。全器磨制精致，表面光滑。有两面对磨的平刃，刃口并不锋利，由此可见其未被用于实际生产生活。

　　刀斧原属于兵器和工具。由于玉石硬度高、韧性好，被早期古人类以玉作工具或兵器，后来其中一些又发展为礼玉。玉刀出现在新石器时代，它和玉斧、玉钺同样在中国玉器史上占有重要地位。从目前的考古成果看，相当一部分新石器时代的遗址都有玉刀出土，当时人们用玉刀切割、加工制作工具或处理野生动物的皮肉，或用作狩猎、战争武器等。因此它们既是新石器时代人类广泛使用的生产生活工具，又是用于战争的常规武器，最后又发展为礼玉。

玉钺 | **Jade Yue Battle-Axe**

良渚文化（前 3300 ～前 2200）

Neolithic Liangzhu culture (3300BC-2200BC)

高 18.9、刃宽 13.7、厚 0.5 厘米

1994 年常州武进寺墩遗址出土

　　这件玉钺，其刃部两侧外撇，造型呈"风"字形，顶部有一半圆形钻孔，上部有一圆形钻孔，便于用绳索对玉钺进行捆扎固定。整件器物通体磨光，制作十分精致，其刃部光滑，无使用痕迹，故非实用器，而是墓主人生前拥有军事统帅权力的象征。

　　良渚文化时期，部落首领既是部落的军事首领，又是部落内部的宗教领袖，集军权、神权于一身，而玉钺则是这些部落首领手中的"权杖"，是一种权力的象征。根据现有的考古资料，在良渚文化时期的大型墓葬中，一般都葬有丰富的陶器、玉石器等随葬品，玉钺往往放置在比较显著的位置。此时的玉钺，已完全脱离了实用器具的范畴，成为专门的礼器。

玉璧 | **Jade Bi Disc**

良渚文化（前 3300～前 2200）
Neolithic Liangzhu culture (3300BC-2200BC)
直径 30.3、孔径 5.6、厚 2.1 厘米
1985 年常州武进寺墩遗址出土

　　此玉璧呈灰黄色，有灰绿色斑点。扁平圆形，中有对钻圆孔，孔壁内有一周凸棱。璧身厚重，体形大，磨制抛光精细，沁色复杂多变。虽素面无纹，但属玉璧中罕见的大件，故仍不失为良渚时期有特色的玉璧之一。
　　玉璧为良渚文化玉器乃至中国玉器的典型代表之一，由扁圆形玉瑗或玉环沿着边宽变大、孔径变小的趋势演变而来，在良渚先民生活中发挥着特殊重要作用。一般呈扁圆形，孔径绝大多数不到直径的一半。多素面，少数有鸟形刻符等纹饰，是最为盛行的良渚重器，出土时一般位于墓主人胸腹以下直至脚端的部位。玉璧造型极简，圆中有圆，实中有虚，大圆饱满以示无穷，虚圆体现天际的灵动。璧为上古礼玉"六器"之一，《周礼》载，"以苍璧礼天"，可见玉璧在先民生活中的重要地位。

半剖玉璧 | **Jade Semi-bi-disc**

良渚文化（前 3300～前 2200）
Neolithic Liangzhu culture (3300BC-2200BC)
直径 19.2、孔径 4～4.47、厚 1、切割处直径 18.8 厘米
1978 年常州武进寺墩遗址出土

　　此件玉璧灰青色，正面有褐黄色斑块，背面有黑褐斑。为玉璧成品的半剖，切割处位于圆孔之外，断面留有明显的台阶痕，可断定是用平刃工具从两面线切割而成。两面孔径大小不一，孔壁光滑。这是观察良渚玉璧制作工艺的一件珍贵标本。

延陵季子

先秦时代的常州

Ji Zha in Yanling

Changzhou during Pre-Qin Period

在良渚文化消失的同时，中国北方的黄河流域建立起统一的古代帝国，并依次经历了夏、商、周三代王朝。商周之际发生了"太伯奔吴"。这一事件对常州历史具有深远的意义，不仅将中原文化与吴越文化连在一起，并且通过吴国季札的泱泱美德开创了常州的人文时代。那么，季札是一个怎样的人，又生活在怎样的环境与传统中？

— 古越人 —

Ancient Yue People

    古越人生活的地区就是良渚先民生息的太湖流域。这里的古越人分为勾吴和於越，是广布中国东南及南方百越民族中最古老的两支。常州一带属于勾吴民族生活地区的北缘，属吴国统治的范围。2004 年以来，新发掘的溧阳市神墩、金坛区新浮、新北区象墩等遗址，分别出土了一些夏末、早商时期的文物。这些遗址表明常州地区在夏商时期，曾是太湖东部马桥文化和宁镇地区湖熟文化互动交流的重要舞台。至西周时期，吴越文化兴起，这时江南土墩墓开始成为常州地区主要的文化遗存形式。

印纹硬陶罍｜**Printed Image Hard Pottery Lei**

西周（前 1046 ～前 771）

Western Zhou (1046BC-771BC)

口径 14、底径 18.5、高 22 厘米

2017 年常州金坛薛埠牡牛墩土墩墓出土

　　侈口，短颈，圆肩，鼓腹，平底，肩部饰一对桥形系。整器胎体坚硬、遍布纹饰。颈部满饰弦纹、肩及腹中部分饰两周波折纹，其余满饰回纹。罍是古代的一种酒器，大多为青铜或陶制。这件印纹陶罍制作规整，器型端庄厚重，纹饰繁缛复杂，可视作西周时期印纹硬陶器的代表之作。

印纹硬陶坛 | **Printed Image Hard Pottery Jar**

西周（前 1046 ～前 771）

Western Zhou (1046BC-771BC)

口径 16.6、底径 19.4、高 41 厘米

2017 年常州金坛薛埠牡牛墩土墩墓出土

　　侈口，折唇外翻，短束颈，溜肩，弧腹，平底。颈部满饰弦纹，自肩至腹中部饰波折纹，
腹下部满饰回纹。陶坛器型较大，满布纹饰且基本完整，是不可多得的西周晚期大型
陶器实物资料。

– 神秘的淹城 –
Mysterious Yancheng

　　常州市南约七公里处，有一座暴露在地面保存较完整的古城池遗址，那就是著名的淹城。东汉成书的《越绝书》如是记载："毗陵，故为延陵，吴季子所居。毗陵县南城，故古淹君地也。东南大冢，淹君子女冢也。"考古发掘显示这座三城三河形制的古城，建筑于西周晚期，主要使用于西周晚期至春秋早期，在春秋中期被基本废弃。谁是这座神秘城池的主人？史学界和考古界的讨论可谓众说纷纭，莫衷一是，更增添了这座古城的神秘感。

原始青瓷簋 ｜ Proto-celadon Gui Food Container

春秋（前 770 ～前 475）
Spring-and-Autumn period (770BC-475BC)
高 12、口径 20.5、底径 25 厘米
1972 年常州武进淹城遗址出土

　　这件青瓷簋造型仿商周青铜礼器，胎体厚重，造型敦厚扁圆。釉色灰青，釉质润泽。肩部贴附绚纹环耳、S 形的堆纹装饰及七只栖息状的雏鸟，腹部采用剔刺法制成密密匝匝的锥刺纹，小鸟的轻松稚拙与锥刺纹的深沉神秘融为一体，形成独特的艺术效果。

　　瓷簋的装饰技法运用了盛行于青铜器上的浮雕堆贴，使其散发着青铜时代的艺术风韵，表现出当时工匠的丰富想象力和娴熟的技巧，是一件极为珍贵的原始瓷器。

原始青瓷鼎 ｜ Proto-celadon Ding Tripod

春秋（前 770 ～前 475）
Spring-and-Autumn period (770BC-475BC)
高 9.8、口径 17.9、腹径 18.8、底径 7.9 厘米
丹阳导墅征集

　　瓷鼎胎体坚致，施茶黄色釉，釉色光亮如新，鼎内心有不规则螺旋纹，外壁上腹有四层锥刺纹，并在三足的对应部位堆塑三道扉棱与三足相连，扉棱顶端各饰一"S"形纹饰。

　　鼎是中国古代礼器中的重器，它是由新石器时代的炊煮器——陶鼎发展而来的。相传，夏禹曾铸九鼎，以代表天下九州，后来，"九鼎"即成为国家政权的象征。而在中原地区青铜礼器盛行的同时，南方地区则用原始瓷器来替代。这件原始青瓷鼎，从其造型、胎质、釉色以及装饰风格，堪称南方地区原始瓷器中的代表性器物。

原始青瓷罐 | Proto-celadon Jar

春秋（前 770 ～前 475）

Spring-and-Autumn period (770BC-475BC)

高 17.1、口径 13.5、腹径 22、底径 19 厘米

1977 年江阴周庄征集

　　瓷罐胎体较坚致，施茶黄色釉。颈部饰一周凸棱纹和数周锯齿形刻划纹，肩部左右饰两个鋬耳，腹部拍印双线勾连纹。这件瓷罐造型仿商周青铜礼器风格，肃穆质朴，古气盎然。这种形制的罐在原始瓷中比较罕见，特别是双兽足形器耳更为独特，在国内同类器中少见，是一件稀有的原始瓷精品。

原始青瓷盖罐 | **Proto-celadon Jar**

春秋（前 770 ～前 475）

Spring-and-Autumn period (770BC-475BC)

高 9.9、口径 10.2、底径 7.9 厘米

1976 年江阴周庄征集

　　盖罐施青褐色釉，盖顶绚纹纽两端附贴一对 S 形纹饰，肩部四面堆贴绚纹耳和 S 形纹饰各一对。其绚纹耳和 S 形附加堆纹，具有浓厚的南方地域特征，为一件珍贵的原始瓷器。

原始青瓷尊 | **Proto-celadon Zun Vase**

春秋（前 770 ～前 475）

Spring-and-Autumn period (770BC-475BC)

高 30.7、口径 23.8、腹径 28.4、底径 19.5 厘米

1969 年丹阳导墅镇西庄村大留桥下于墩出土

　　瓷尊胎质坚硬，瓷化程度高，整体呈椭圆筒形。施茶黄色釉，器身拍印圈、线结合的几何纹，由肩至底共十一重，肩部贴有一对绚纹耳。这件瓷尊器型高大，稳重端庄，很有气魄，是一件具有显著地方特色的珍贵原始瓷器。

－争霸战争中的时代变迁－
Vicissitude During the War

　　春秋战国时期，列国争霸引发了持续的战争，吴国先后与楚国及越国交战。常州地区的归属随着战争形势的变化而变化。吴国先后在常州一带建立了阖闾城、留城和胥城，以增强防御能力。公元前471年，越国灭吴，延陵属越。公元前334年，楚威王败越，延陵邑归入楚国版图，直到秦灭楚统一中国。

郢爰 | Ying Yuan

战国（前 475 ～前 221）
Warring States Period (475BC-221BC)
长 3.5、宽 2.5、厚 0.3 厘米，重 64 克
1977 年常州跃进新村基建工地出土

　　这件楚国郢爰略近长方形，含金量甚高。面钤"郢爰"五印、上二下三排列，背无文，稍显不平。下部一明显切痕延至右侧，使其中一印部分缺损，这种楚国金币为常州地区所仅见。

　　"郢"是楚国都城名，"爰"为货币重量单位。这种"爰金"或称"印子金"，在今湖北、安徽、陕西、河南、江苏、山东等地均有发现。"爰金"是战国时期楚国一种有铭文的金钣，这种金钣大多呈方形，少数呈圆形，上面印为若干小方块，看似乌龟壳，完整的重约一市斤，含金量一般在 90% 以上。金钣上的铭文有："郢爰""陈爰""专爰""融爰""隔爰""颍""覃金"及"卢金"等等，尤以"郢爰"为多。

蚁鼻钱 | YiBi Coins

战国（前 475 ～前 221）
Warring States Period (475BC-221BC)
长 1.7、宽 1.2 厘米
1982 年常州清潭体育场汉墓出土

　　蚁鼻钱，是战国早期楚国铸造的一种铜币，是一种面部有字、形状似海贝的货币。其形制为椭圆形，正面突起，背面磨平，形状像贝但体积较小，流通于江淮流域。由于楚国的经济、文化比中原各国落后，镈、刀、纺轮的使用也较迟，铜铸币就沿用了仿制贝的形态。

　　这枚为"咒"字鬼脸钱。根据目前出土的蚁鼻钱来看，钱面上铭有"紊""金""君""行""忻""匋""贝""三"等近十种面文。以"紊"字铭较为常见。由于阴文"紊"字形就如同一只蚂蚁爬在鼻子上，故称之为蚁鼻钱。而"咒"字铭于钱面上，形似一个鬼脸，故又被称之为"鬼脸钱"。从常州的汉墓中发现的这枚"咒"字鬼脸钱，可以证明当时楚国的这种钱币流通甚广，堪称"硬通货"。

齐梁故里
秦汉六朝时期的常州

Hometown of Qi and Liang Monarchs
Changzhou during Qin, Han and Six Dynasties

公元前 221 年，秦统一中国，常州地区纳入中央王朝的版图。汉代之后的中国进入三国两晋时期。公元 316 年，西晋灭亡。两年后，司马睿在建康（南京）即位，据有长江中下游以及淮河、珠江流域地区，史称东晋。从公元 420 年刘裕代晋到 589 年陈国灭亡，中国南方先后出现了宋、齐、梁、陈四个王朝，它们与同时期北方的北朝统称"南北朝"。南朝四国中，齐与梁的国君皆出自武进万绥的萧氏，常州一带也因此被称为"齐梁故里"。

－连绵的"汉墓墩"－
Uninterrupted "Han Tomb Mounds"

　　秦始皇二十五年（前222）延陵改县，属会稽郡管辖。汉高祖五年（前202），称毗陵县。东汉顺帝时（126），分会稽郡置吴郡，后又分吴郡以西为屯田，置典农校尉管理。时过境迁，一切都消失殆尽，只留下平原缓坡上连绵起伏的"汉墓墩"，像沉默的证人，见证着秦汉时期常州地区的世事变迁。

"王氏"铭四神博局镜 | "Wang shi" Mirror Inscription of Four God and Checkerboard

汉（前 206～220）

Han period (206BC-AD220)

径 18.5 厘米

1980 年常州汽车修配厂胡家墩出土

　　此镜圆形、圆纽、蝙蝠形柿蒂纹纽座。纽座外双线方格内十二乳及十二地支铭方折环列。云气纹缘。内置青龙、白虎、朱雀、玄武、间杂羽人、飞燕、长角羊形兽和神鸟。青龙、白虎、朱雀、玄武与卯、酉、丑、子相对应。外区铭文为："王氏昭（造）竟（镜）四夷服，多贺新家人民息，胡虏珍灭天下复，风雨时节五谷熟，官位尊显蒙禄食，长保二亲子孙力，传告后世乐毋极。"

　　四神博局镜是汉代最流行的镜类之一，大致流行于王莽时期及东汉前期。此镜不仅仅是一件日常生活用器，又是一件有着深刻文化艺术内涵的精美工艺品，甚至发挥着辟邪求福的神奇作用。

昭明连弧铭带镜 | Mirror Inscription of Zhao Ming Lian Hu

汉（前 206 ～ 220）

Han period (206BC-AD220)

直径 13.4、厚 0.7 厘米

1989 年溧阳旧县汉墓出土

　　此镜半球形纽，纽外围有十二联珠纹围绕，外有一圈同心圆，同心圆之外有一圈内向的连弧纹，两周短线纹中夹有一周铭文带，镜缘素面宽平。铭文顺时针竖读为："内清质以昭而明光而象夫日月心而忽而忠而不泄"。深层含义为人君应内省自省，至圣至明，如明月一般光辉，明察秋毫。

　　昭明连弧铭带镜是汉镜中出土数量多、流行范围广的镜类之一，其主要流行于西汉中后期，以西汉后期最为盛行。昭明镜的制作及纹饰主要是反映天象。圆纽如日，正大居中，光辉所及，遍布内外，纽外的内连弧是天的苍穹，这就是古代人们所说的"天"。在中国现有的出土昭明镜中，铭文内容五花八门，或长或短，但总离不开"内清质以昭明"字样，这是"天圆地方，天地人合一"的象征，也是它被命名为昭明镜的原因。

釉陶熏炉 | Glazed Pottery Small Incense Burner

汉（前 206 ～ 220）

Han period (206BC-AD220)

口径 8.3、底径 7.2、高 18.5 厘米

常州企新砖瓦厂出土

　　豆形炉身，敛口，直腹内收，高圈足，配有三层宝塔形盖，盖面钻数个镂孔，顶部堆塑一蹲着的鸡（或鸟）形俑，其下饰有三个较小的鸟形俑，腹部饰一周戳刺纹。盖面施以黄褐色釉，釉面部分剥落。炉内可放置香料，盖面镂孔便于香味散出，造型精巧别致，兼具实用性。

铜扁壶 | Copper Flat Pot

汉（前 206 ～ 220）

Han period (206BC-AD220)

高 27、腹 30 厘米

1984 年常州照相机厂出土

　　扁壶是古代盛水和盛酒的器物。因其造型精巧，携带方便，便于汲水，深受我国古代人民的喜欢。它不仅是人们日常生活的用具，还是古代将士行军时的必用之物。根据质地，扁壶分为陶、铜、漆、瓷四种。造型有蒜头形的，也有圆直口带盖的，还有带提梁的。

　　此扁壶有盖，侈口，短颈，圆弧肩，平底，长方形圈足。壶身扁平，肩部各有一对称衔环，为典型的秦式扁壶。此类秦式扁壶兴起于战国中、晚期，在秦代至西汉早期达到鼎盛阶段。

铜盉｜**Copper Round Vessel with a Closed Spout**

汉（前 206 ～ 220）

Han period (206BC-AD220)

通高 15.6、腹围 54.5、口径 8.1、把长 10.2 厘米

1977 年常州新北区西夏墅镇浦河出土

　　此铜盉口呈圆形，盖顶桥形纽，纽外施蟠螭纹和弦纹。腹侧一短曲状鸟首流，壶嘴若鸟喙，上颚可向上翻起，静置时口自合闭，倒水时口自开启。腹部有一中空的方形手柄。腹下三蹄足。

　　铜盉出现在商代早期，盛行于商晚期至西周。主要作用是盛玄酒（水）以调和酒味浓淡的，与爵配套可以盛酒，与盆配套亦可盛水。青铜盉流行时间长，器形复杂，是商周时期常见的青铜容器。青铜容器盉不仅有生活上的实用功能，在造型上亦反映着某种族群或区域文化传统，更因与贵族政治生活、礼制活动、等级身份相联系而有特殊的象征意义。该盉铸造精良、美观雅致，且保存情况良好，不仅是一件汉代江南精美的青铜艺术品，同时也是研究两汉时期常武地区社会生活的实物资料。

釉陶瓿 | **Glazed Pottery Vase**

汉（前 206 ～ 220）
Han period (206BC-AD220)
口径 11.3、底径 17、高 27.2 厘米
1973 年常州南门建筑工地出土

直口，窄口边，溜肩，鼓腹内收，平底，腹中上部饰兽面双耳。双耳间饰两周绳形凸弦纹，腹中部饰一周弦纹，弦纹间刻划三头神鸟纹、虎纹、水波纹等各类纹饰。自口边至腹中部施黄褐色釉，釉部分剥落。瓿是一种比罍体型小，同样用来盛放酒或水的器具。这件釉陶瓿胎体厚重，造型规矩，所刻划的纹饰，线条流畅优美，想象力丰富，颇具欣赏价值。

釉陶罐 | **Glazed Pottery Pot**

汉（前 206 ～ 220）
Han period (206BC-AD220)
口径 6、底径 15、高 32 厘米
1972 年常州机制砖瓦厂出土

小侈口，短颈，溜肩，鼓腹内收，平底。腹部满饰席纹，口边及肩部施青褐色釉，釉部分剥落。此罐体型较大，腹部深广，容量大，应为当时盛装谷物之用。

带盖釉陶鼎 │ **Glazed Pottery Ding Vase with Cover**

汉（前 206 ～ 220）

Han period (206BC-AD220)

口径 17.2、底径 14.8、通高 20.2 厘米

常州新岗遗址出土

此鼎为仿青铜器造型，带有一盖，盖顶附有三个小纽。口沿下饰一对回字形耳，鼓腹、平底，底部饰三个兽蹄形足。盖面饰有数周弦纹、双耳表面饰有涡纹，其余无纹饰。盖面及腹中部饰青色釉，部分剥落。鼎原是古代烹煮食物的炊器，后逐渐演变成为祭祀、礼制中重要的礼器，此类釉陶鼎多作为陪葬的明器使用。

玉韘 │ Jade Thumb-ring

汉（前 206 ～ 220）
Han period (206BC-AD220)
长 4.4、宽 3.2、厚 0.7 厘米
1982 年常州清潭体育场出土

　　玉呈象牙黄色，玉表受沁蚀而不润泽。制作规整、正、反面均有阴线刻纹，为尖头如意纹、回纹，刻纹随意流畅，制作规整，为汉代玉韘之精品。

　　玉韘俗称"扳指"，圆筒状，可套拇指，初为射箭钩弦时防止拇指勒伤的特殊用具，后专为佩带。目前所见最早的玉韘出土于河南安阳殷墟妇好墓。在商代，韘还是实用器。到了战国时期，玉韘演变成扁平状的盾形，圆孔的高度比商代低，有一部分是实用品，有一部分不堪钩弦，丧失了使用功能，变为人们佩带的装饰品，同时韘形佩造型也发生了很大变化，后世俗称"鸡心佩"。西汉时期韘形佩更是变成为单纯佩带的一种佩饰玉，造型有了很大的发展，扁平的器形，主体似韘却加以变化。

蝉形玉琀 │ Cicada-shaped Jade Mouth-piece

汉（前 206 ～ 220）
Han period (206BC-AD220)
长 6.4、宽 3 厘米
1989 年常州溧阳旧县汉墓出土

　　此件蝉形玉琀玉质润泽，整体为红褐色。蝉的造型为高额、凸眼、宽颈，尾作弧形渐收。纹饰分布稀疏明朗，蝉身用数条粗细阴线刻划，象征身体部位。背脊弧度平整，中间呈八字形凸出。双翼对称、长而窄，尖端挺劲见锋。整体造型流畅、简洁大气。寥寥数刀，神韵尽在，体现了典型的"汉八刀"风格。

　　玉蝉在汉代葬玉文化中的地位非常重要。玉蝉即可"以生为佩"也可"以死为含"，按用途分为琀蝉、佩蝉、冠蝉三种。琀蝉，即含在口中随葬的玉蝉，一般刀工简单，无字眼。玉琀作蝉形，以蝉之春生秋亡、反复不息来借喻生命的周而复始来赋予死者特定的意义，意即人死后，可"蝉蜕于浊秽，以浮游尘埃之外，不获世之滋垢"，脱胎于浊秽污垢之外，羽化成仙。

青瓷魂瓶 | **Celadon Funeral Urn**

东汉（25 ～ 220）

Eastern Han period (25-220)

通高 50.5、口径 6.5、底径 16.5 厘米

1970 年常州新闸王家塘东汉墓出土

　　全器三腹呈双腰的葫芦形，实际是两层五联罐的套接。上层为一件完整的罐形器；中层和下层均等距离围塑小罐四个，并有四组堆贴的动物纹饰分设其间。中、下两层罐腹凹槽内及下层腹下近底部对称分布镂空洞各两个。八个小罐腹下圆柱外侧均刻印有怪异的人形纹饰。

　　魂瓶，亦称谷仓罐、堆塑罐，是我国东汉—西晋墓葬中常见的一种随葬品。它作为富者的陪葬明器，象征着财富和权势。这件魂瓶造型优美，图案繁缛，层次分明，形象逼真。它的制作工艺极为繁复，是分段拉坯粘接而成，各种动物造型则采用堆贴、捏塑、模印、结合镂、雕、刻、划等手法，显示出当时制瓷工艺的较高水平。魂瓶上堆塑的飞鸟、鸡、鸭、猪、羊、犬、熊、甲鱼等物，是当时人们祈求田园富庶、六畜兴旺的反映。迄今所见六朝时代的魂瓶甚多，而像这样时代较早、器型宏大、制作精美者，实属罕见的艺术珍品。

青瓷鸟形盏 | **Celadon Bird-shaped Cup**

三国吴（222～280）
Wu Kingdom of the Three Kingdoms (222-280)
高 3.8、口径 10.5、底径 5.2 厘米
1983 年常州金坛方麓茶场三国墓出土

　　器型小巧，釉色青灰中泛黄。盏外壁一侧饰一展翅的鸟身，另一侧为一硕大的鸟尾，盏内心堆塑一雏鸟，前后、内外相呼应，仿佛一大鸟怀带雏鸟展翅飞翔。这件瓷盏造型别致，代表了当时的审美情趣和工匠的高超技艺，且出土于有确切纪年的墓葬，是非常具有代表性的三国青瓷器。

陶蓬船 | **Pottery Boat**

三国吴（222～280）
Wu Kingdom of the Three Kingdoms (222-280)
长 33、宽 7.2、高 3.5 厘米
1983 年常州金坛方麓茶场三国墓出土

　　红陶质地，长条形船身，两头稍狭窄，平底。船头装饰有上翘的踏板，船身中部盖有顶蓬，蓬面模印席纹，前部船舱中配有一块活动的仓板。这是仿当时竹蓬船所制的模型，出土于纪年三国墓中，为陪葬之明器。船身留有刀削、捏制等制作痕迹，虽略显粗糙，却是真实反映三国时期江南地区水运发展的珍贵历史实物。

六朝世相

魏晋时期的文人雅士讲究风流，不遵礼仪，不遵循著
是人们追求的社会时尚，在这种的环境中，规矩的以
因羁于礼法，素人如纵情的者们恣意度

－ 六朝世相 －

Society in Six Dynasties

  在这个分裂动荡的时代，两汉经学崩溃，个性解放，玄学盛行。个性化、甚至带有叛逆色彩的生活方式和社会习俗发展起来。当时的名士，蔑视礼法，放浪形骸，任情不羁。他们穿宽松的衫子，衫领敞开，袒胸露怀，于是，一般的人也起而模仿。

青瓷蛙形水盂 | **Celadon Frog-shaped Water Jar**

西晋（265 ～ 316）

Western Jin period (265-316)

高 3.6、口径 4、底径 3.2 厘米

1975 年江阴征集

　　这件水盂釉色青灰中泛黄，釉面开细片纹，腹部堆贴蛙的头及四肢。水盂的造型生动逼真，堆塑的头部微微昂起，蜷缩的四肢比例适合，有趣的是，作者在四肢后面，还"画蛇添足"地堆塑扁平的短尾，似一只鼓腹水蛙在探视外界。

　　西晋时期，越窑因使用规模较大的龙窑烧瓷，产量大幅度增加，且器型品种最为丰富。这件蛙形水盂巧妙的形象设计，惟妙惟肖的堆贴制作，使整个器物变得生动而有变化，显示了西晋越窑工匠的制瓷工艺，别具独到的审美意境。

青瓷虎子｜Celadon Chamber Po

东晋（317～420）
Eastern Jin period (317-420)
高 21、口径 6.7、底径 10.2 厘米
1983 年常州照相机厂出土

　　此器为东晋时期典型的圆形虎子，胎体厚重，釉色青黄，施釉不及底。口沿及把柄上有几点褐彩，圆球腹，卧底微内凹，没有虎形装饰。造型矮胖而不失端庄，釉色润泽，配之以口沿等处的点彩褐斑，为东晋时期青瓷佳器。

　　虎子以其形似伏虎而得名，从考古资料看，其历史可上溯到春秋晚期，青铜质地，初成虎形，汉代出现陶瓷虎子，盛行于三国两晋南北朝时期，各朝器型有所变化。其用途有两说，如汉代郑玄所记"亵器，清器，虎子之属"，即是说，虎子这种器物既可当便溺之用的亵器，也可当盥洗之用的清水器。可是从出土的文物情况看，虎子都出于男性墓或夫妻合葬墓的男性一边，而且都放在死者脚边或单置一处，由此可见虎子作为男性便溺器的更多些。

越窑印花带铺首双系罐

Yue Ware Impressed Design Jar with Double Loops in the Shape of Knockers

西晋（265～316）

Western Jin period (265-316)

高 13.3、口径 7、底径 9.2 厘米

1984 年调拨

瓷罐釉色茶黄，釉质莹泽，器型端庄规整，纹饰清晰，釉色纯正，瓷化较好。西晋时期，越窑装饰技法繁多，出现仿效当时的编织图案，有网纹、弦纹、菱形纹、云气纹、联珠纹等，以人物、动物和辟邪作装饰，是其最显著的特点。此器就是典型的西晋时期越窑青瓷器，其装饰手法巧妙，口沿至肩部以四道弦纹作为纹饰区域，间距对称地饰以一对兽头含环铺首及一对叶脉纹系，并在第二、三道弦纹间以斜方格网纹。弦纹与水波纹在汉代的越窑中已普遍使用，是汉代纹饰的延续，此器的弦纹装饰在规律中显出一种不规则，别有新意。

青瓷堆塑罐 | *Celadon Funeral Urn*

六朝（222～589）

Six dynasties（222-589）

通高 44.5、腹径 27、底径 15 厘米

2014 年常州小黄山六朝墓出土

　　堆塑罐胎体灰白，通体施釉，整体可分为上下两部分。下部为罐，上半部自上而下可分三层：最上为一座三层的楼阁建筑；中部平台四个角分别有一个小瓶，上立两只飞鸟；平台的下层共有前后相对的两座门形建筑，上刻瓦楞，门下和瓦楞上各有两只熊形装饰，门形建筑两侧各有五尊骑兽佛像。

　　堆塑罐，又称谷仓罐，前身是东汉时期的五联罐，发展到三国时期，演变为堆塑楼阁的谷仓罐。这个时期罐子上的堆塑大量增加，中间的管变得很粗而成为器物的颈和口，周围的四个管变小几乎被各种堆塑掩盖。这件堆塑罐造型高大而不变形，各部分造型生动，布局对称，工艺繁杂又不失精致，显示出六朝越窑青瓷高超的工艺技术水平。

青瓷四系盘口壶 | Celadon Si Xi Vase with a Dish-shaped Ewer

六朝（222 ～ 589）

Six dynasties (222-589)

口径 17.6、底径 12、腹径 24.5、高 39.5 厘米

2014 年常州小黄山六朝墓出土

盘口壶由喇叭口演变而来，西汉时有的喇叭口壶在口颈交接处做出一条棱线，东汉时棱线更加突出，口颈外斜，初具盘口的样子，后来即演变成盘口壶。此件盘口壶器型硕大，颈部细长，肩部两侧各贴塑两个竖向弧形系，腹部呈长椭圆形，肩腹处有刻划文字"□□十四年"。

－ 画像砖世界 －
Portrait Brick

　　1976年3月，常州南郊茶山戚家村南朝墓中，发掘出土了画像砖、花纹砖共八百五十余块，三十九种。纹饰多为模印，作浮雕形式，内容有仕女、武士、飞仙以及龙、虎、狮子、天禄、辟邪、凤凰等瑞兽。花卉方面则有忍冬、莲花、卷叶莲心等数十种。画面人物姿态潇洒、衣带飘逸，具有东晋南朝时代特征；动物花卉砖画，则采用高浮雕手法技艺，具有强烈的立体感。南朝传世名家绘画作品极少，且多为后世画家的摹作。这批南朝画像砖、花纹砖图案，不仅展现了南朝时期的艺术特色，也是我们了解当时世俗与宗教生活珍贵的实物资料。

飞仙纹砖 | Flying Immortal Design Bricks

南朝（420 ～ 589）

Southern Dynasties period (420-589)

高 17、长 34、宽 21.5 厘米

1976 年常州浦前戚家村出土

　　由四块砖并列组成，侧面分段模印神话中的飞仙图案。飞仙漂浮于空中，头戴冠饰，脸部丰满，身着交领长衫，手捧葫芦形净瓶，身后飘带飞舞，气韵生动。整体勾勒的线条流畅优美，人物生动形象，体态飘逸多姿，极具艺术表现力。飞仙虽是道教中的形象，但婀娜的身姿，灵动的飘带明显是受到佛教造像艺术的影响，这正是魏晋南北朝时期东西方文化交流的有力见证。

龙纹砖｜Dragon Design Bricks

南朝（420 ～ 589）

Southern Dynasties period (420-589)

高 16.5、宽 35.2、长 34 厘米

1976 年常州浦前戚家村出土

　　由七块砖并列组成，侧面分段模印龙纹图案。龙大张口，长吻、獠牙外露，头顶双角上扬，细长颈、身体弯曲，尾端上扬，颈部、尾部及后肢长有飞鳍，身躯四肢雄健有力，作凌空腾飞状，展示出与众不同的瑞兽气势。龙威武有力、线条飘逸，是道教中四神之一，具有守护镇宅、彰显祥瑞之寓意。

虎纹砖｜Tiger Design Bricks

南朝（420 ～ 589）

Southern Dynasties period (420-589)

高 16.5、宽 35.2、长 34 厘米

1976 年常州浦前戚家村出土

　　由七块砖并列组成，侧面分段模印虎纹图案。虎大张口，犬牙交错，细长颈，身体弯曲，尾端上扬，颈部、尾部及后肢长有飞鳍，身躯四肢雄健有力，既具有浓厚的装饰意味，又透出山林兽王的雄威和祥瑞气氛。虎亦是道教中四神之一，具有避邪禳灾、震慑四方之寓意。

凤纹砖│**Male Phoenix Design Bricks**

南朝（420～589）

Southern Dynasties period (420-589)

高 16.5、宽 16.2、长 34 厘米

1976 年常州浦前戚家村出土

　　由三块砖并列组成，侧面分段模印凤鸟图案。凤头顶有冠、喙微张、细长颈、两翼张开、双爪前后错开，长尾上扬呈圆弧形，作凌空飞翔状。凤是传说中的神鸟，以雄鸟为凤、雌鸟为凰，后合称为凤凰，寓意吉祥和谐。

凰纹砖 | Female Phoenix Design Brick

南朝（420 ～ 589）
Southern Dynasties period (420-589)
高 16.5、宽 16.2、长 34 厘米
1976 年常州浦前戚家村出土

由三块砖并列组成，侧面分段模印凤鸟图案。凰喙微张、细长颈、两翼张开、双爪前后错开，长尾上扬呈圆弧形，作凌空飞翔状。凰与凤呈左右相对的造型，形态相似，栩栩如生。

"千秋万岁"兽首鸟身纹砖
Bricks with the Inscrption "Qian Qiu Wan Sui" (Longevity) and Animel-headed Bird Design

南朝（420 ～ 589）

Southern Dynasties period (420-589)

高 16.8、宽 15.5、长 34 厘米

1976 年常州浦前戚家村出土

　　由三块砖并列组成，侧面分段模印兽首鸟身图案。此为镇墓兽"千秋万岁"的一种形态，兽首，鸟身，两翼张开，长尾上扬呈圆弧形，双爪并列，作欲振翅高飞状。"千秋万岁"即是"千秋鸟""万岁禽"的合称，是传说中的长寿神鸟，通常作为镇墓兽使用。

"千秋万岁"人首鸟身纹砖

Bricks with the Inscription "Qian Qiu Wan Sui" (Longevity) and Animel-headed Bird Design

南朝（420～589）

Southern Dynasties period (420-589)

高 16.8、宽 15.5、长 34 厘米

1976 年常州浦前戚家村出土

　　由三块砖并列组成，侧面分段模印人首鸟身图案。此为镇墓兽"千秋万岁"的另一种形态，人首，鸟身，着交领衫，两翼张开，长尾上扬呈圆弧形，双爪并列，作欲振翅高飞状。

托博山炉侍女画像砖 | **Pictorial Brick Bearing a Maid with a Hill Censer in the Hand**

南朝（420 ～ 589）

Southern Dynasties period (420-589)

宽 16.5、长 32.2、厚 3.8 厘米

1976 年常州浦前戚家村出土

在单块长方体砖正面模印的侍女人物像，发作双髻下垂，脸型丰满。身着交领宽袖衫，配束腰加襦，袖口各系两条缀有流苏的细带，长裙曳地，足登笏头履。双臂外露，右手上扬，左手托博山炉，炉顶立一小朱雀。人物线条刻画清晰，体态优雅飘逸，是研究南朝服饰和艺术风格的重要实物资料。

捧奁侍女画像砖 | **Pictorial Brick Bearing a Maid Holding a Toilet Box in the Hand**

南朝（420 ～ 589）

Southern Dynasties period (420-589)

宽 16.5、长 32.2、厚 3.8 厘米

1976 年常州浦前戚家村出土

　　在单块长方体砖正面模印的侍女人物像，发作双髻下垂，脸型丰满。身着交领宽袖衫，配束腰，右袖口系两条缀有流苏的细带，长裙曳地，足登笏头履。双手捧奁，神态恭敬祥和。奁是古代妇女常用的梳妆用具，多为漆木材质。

中吴要辅
隋唐宋元时期的常州

Important Auxiliary Prefecture
of Central Wu Region
Changzhou during Sui, Tang, Song and
Yuan Dynasties

如果说秦汉六朝时期的常州还是地广人稀之地，那么，随着屯田治水的展开和运河漕运的开通，唐宋时期常州的社会经济开始得到迅速发展，并逐渐成为政府重要的粮食产地和财赋之区。漕运的枢纽地位为宋代的常州带来了繁盛的商业生活，这一点被宋墓中的出土物所证实。这座城市还以其浓郁的人文气息吸引了大文豪苏东坡，并成为他最后的归宿之地。南宋末年常州保卫战中，地处"中吴要辅"的常州人民在艰难条件下不屈抗争，显示出常州人浩然的英雄主义气概。

– 茶山古道 –
Chashan Ancient Path

　　唐代常州不仅农业经济达到一个高潮，而且造船、丝织、造纸等手工业十分发达，粮食、茶叶、瓷器等商品贸易尤其繁荣。明许次纾《茶疏》说："唐人首推阳羡"，指的是唐代宗时常州刺史李栖筠始荐供（贡）的宜兴紫笋茶。这些茶叶经过南郊的茶山古道取毗陵驿急程北贡，民用茶的运输、储运、买卖也由这里取道运河北输。

白瓷军持 | White Porcelain Kendi

唐（618～907）

Tang period (618-907)

高 25.3、腹径 11.4、底径 7.2 厘米

1972 年常州砖瓦厂出土

　　这件军持釉色白中显黄，釉面开细片纹，有剥釉现象。瓶身呈橄榄形，细长颈，瓶口部装饰独特，上方靠口沿处微圆鼓，以下呈喇叭状外撇，颈、口相连处呈外翻折沿状，使瓶口象一个建筑在圆台上的小佛塔。

　　军持并非我国传统器型，它来源于印度，"军持"是梵语"Knudikā"的音译，意为净瓶或澡罐，是云游僧人随身携带的贮水器。最早关于军持的文字记载见于晋人《法显传》，历代文献中又曾写作"君墀""君持""军墀""军迟""捃稚迦"等。虽然是外来文化器物，军持在传入我国后却长盛不衰，南北方窑口均有持续生产，并大量出口。特别是入唐以后，它常被崇信佛教的信众们作为云游时特定的贮水器，礼佛仪式前净手的盥洗器，甚至成为佛教密宗灌顶时的法器，是不可或缺的宗教器皿，被称为"比丘十八物"之一。这件军持造型端庄丰满，制作规整精细，体现了异国情调与风格，是一件唐代佛教兴盛的历史见证物。

长沙窑胡童步打球俑

Changsha Ware Greenish-yellow-glazed Brown-painted Tomb-figurine of a Seated Ball-player

唐（618 ～ 907）

Tang period (618-907)

高 6.5、底径 4.6 厘米

1978 年常州劳动中路出土

　　瓷俑整体端坐于圆座盘上，头戴小圆帽、边饰似发辫、面部丰满、弯眉细眼、高鼻小口，耳部有三角形耳坠。右手握球贴于胸前，左手持球杖扛于肩上。全身满施青黄釉，有不规则褐彩斑块，釉色精美、造型别致。瓷俑左肩扛球杖、右手托球，箕坐于地，似乎表现的是步打球比赛间的休憩状态，尽管造型简略，但仍透露出拙朴与童趣。瓷俑所戴的圆形毡帽，及耳部夸张的三角形耳坠，都佐证其为胡人形象。

　　迄于目前，唐代步打球的图像资料仅发现五例，而胡人形象仅见于常州博物馆所藏这件瓷俑，因而弥足珍贵，是研究唐代民俗游戏及民族交流的宝贵材料。

长沙窑茶黄釉褐彩鸡形瓷哨

Changsha Ware Tea-yellow-glazed Brown Color chicken-shaped Porcelain Whistle

唐（618 ～ 907）

Tang period (618-907)

高 3.9、长 4.7、宽 3 厘米

1980 年常州郊建公司征集

　　此哨造型为一只母鸡，卧式右视，顶无冠，翅、尾羽毛粗短而松展，为伏卧孵蛋之状。头顶、两翅、尾部各饰以褐色点彩。鸡身左侧有一吹孔，右侧有两个音孔，当属音响玩具哨子。其塑雕技艺极富生活气息，整体圆润的线条恰好表现亮丽母鸡放松全身羽毛以体温孵蛋的特征，而向右微昂的头和圆睁的双眼，好似被什么声响所惊觉，惟妙惟肖地塑造了母鸡孵蛋的神态。在装饰手法上，通体的茶黄色釉，与现实的母鸡羽毛甚为相似，而在头、翅、尾部饰以褐斑点彩，既打破了一色釉的单调，又巧妙地点出了鸡的动态。

四鸟花枝镜
Four Birds and Flower Branch of Bronze Mirror

唐（618 ～ 907）
Tang period (618-907)
直径 11.3 厘米
征集

　　此镜为八瓣菱花形、圆纽、内切圆形，整枚镜形似盛开的花瓣。内切圆内四禽鸟四折枝花相间环绕于镜纽外。两鹊展翅飞翔，拖着长尾。两雁双脚站立，羽翼未张。四鸟间有形状稍异的两组折枝花。内切圆外六组折枝及两只蜜蜂分别缀于八瓣镜缘之上。此镜雕饰俏丽，形制精美，属于唐镜中比较花俏的一类，应为闺中女孩所用。

　　唐代是中国铜镜发展史上的一个辉煌时期，其题材多取自人们喜爱的花草、蜂蝶、雀鸟、鸾凤等，纹饰布局主要有雀绕花枝和对称花鸟两种形式，散发着浓郁的自然气息与生活气息，显示出唐代社会浪漫多姿、欣欣向荣的艺术情调，特别是双雁、双鹊、鸳鸯等象征爱情的纹饰，更是妙趣横生。

孔雀瑞兽葡萄镜
Peacock Auspicious Animal Grape Mirror

唐（618 ～ 907）
Tang period (618-907)
直径 14.2 厘米
常州市冶炼厂征集

　　此镜背面中央有一蟠龙形纽，高线圈将镜背分为内外两区。内区两只栩栩如生的孔雀隔纽相望，四只奇异灵秀的瑞兽似狼似虎，似豹似狮，似马似狐，似羊似鼠，形态逼真，丰腴柔健，生动活泼，穿梭于葡萄枝蔓下，绕纽奔走。外区葡萄果实累累，枝蔓缠绕，禽鸟展翅，蜂蝶穿梭。此镜纹饰华丽，布局繁而不杂。蔓枝柔长、花叶舒展、葡萄鲜硕，更有孔雀瑞兽和禽鸟蜂蝶在此间飞走穿梭，工艺之精湛、设计之绝妙，堪称唐镜中之典型代表作。

　　瑞兽葡萄镜又称海兽葡萄镜，以瑞兽纹和葡萄蔓枝纹为主要装饰纹饰。瑞兽纹在汉代开始已渐流行，葡萄纹自唐代始才因西域葡萄酒而深受人们欢迎。两种迥异文化的图案相结合，堪为古代东西方文化交流融合的结晶。

填朱漆戬纹地黑漆盒嵌金柳塘秋纹长方盒

这种漆盒盖面上靠近地上露出一个个凹陷的小孔。在孔内填以朱漆，待干固后再磨平，在盖面上呈现出一个个朱色的小圆点纹。这种工艺可视为填嵌技艺的雏形，同时这件漆盒运用了包金工艺，可谓是南宋时期漆工的巧夺天工之作。

朱漆包金蓮瓣式人物花卉盒器

朱漆包金蓮瓣式人物花卉盒由盘、盖、中、底四部分套合而成。白口丝均镶银扣。表面髹朱漆，以细构包为纹。器壁十二棱间各有折枝花卉图案，盖面为一仕女消夏图，这种造型，无论制作、造型、纹饰，还是髹漆工艺，都达到了堪称完美的程度。

"常州"铭花瓣形漆碗

这件宋代蓮瓣形漆碗的腹外壁朱书"常州结周上用"，表明是一件本地产品，反映了当时常州有发达的漆器制作业。

【漆器】
Lacquer ware

1978年武进村前南宋墓出土了一批珍贵的漆器。宋代漆器出土颇少，这批漆器技艺精湛，典雅莫观，反映了南宋时期高超的漆器制作工艺，成为了国内罕有的漆器名品。

朱漆包金人物花卉纹长方盒

－ 优雅的宋人生活 －
Graceful Lifestyle during Song Dynasty

　　北人南迁的影响、社会经济的发展和商品流通的活跃，深刻地改变了常州地区人们的生存状态。这种社会变迁被历年的考古发掘所证实。考古工作者在常州宋墓发掘出土了大量随葬文物，包括来自各地名窑的瓷器，来自著名漆乡温州的漆器，各式造型独特、制作精良的日常用品与文具，以及本地生产的华美飘逸的丝绸织物。这些精美绝伦的文物，不仅反映出宋代常州繁盛的商贸和发达的生产，也体现出宋代常州人优雅精致的生活方式。

"常州"铭花瓣形漆碗 | Petal-shaped Black-lacquered Bowl with the Inscription "Chang Zhou 常州"

宋（960～1279）
Song period (960-1279)
口径 19、高 10 厘米
1984 年常州清潭体育场工地宋墓出土

木胎，口沿外撇呈十瓣莲花形，圈足较宽大。碗内外通体髹黑漆，碗身近底处用朱漆书"常州嵇嗣上牢"六字，旁有小字"甲戌"年款。"常州"表明这件漆器的产地是在常州，"嵇嗣"应是工匠的名字，"上牢"则是上等好货的意思。此漆碗体量较大，造型典雅大方，且有明确为常州产地的款识，尤为珍贵。

菱边形漆盒 | Petal-shaped Lacquered Box

宋（960～1279）
Song period (960-1279)
通高 8.5、直径 12.3～13.7、底径 9.7 厘米
1978 年江阴文林出土

木胎，分为盖与盒身两部分，子母口扣合，均作六瓣菱花式，盖面平直，底为假圈足。通体髹黑色漆，作退光处理，漆色光亮。此漆盒造型端庄优雅，历经千年，漆面仍光亮可鉴，可视为宋代素面漆器的代表作。

朱漆戗金莲瓣式人物花卉纹奁

Lotus-petal-shaped Red-lacquered Toilet Box with Gilt incised Human and Flower Design

南宋（1127～1279）

Southern Song period (1127-1279)

通高 21.3、外径 19.2 厘米

1978 年常州武进村前南宋家族墓出土

　　木胎，可分为盖、盘、中、底四层，平底内收。通体外壁髹朱漆，内壁及底髹黑漆，盖内朱漆书写"温州新河金念五郎上牢"款识。器盖以弧形花瓣为肩，盖面平直，戗刻仕女二人，手中分执团扇、折扇，挽臂而行，旁有女童，手捧长颈瓶侍立。人物周围饰石径、藤凳、山石、柳树。器身十二棱间细刻牡丹、荷花、芙蓉、山茶、梅花等六组折枝花卉，构成宋代流行的"一年景"纹饰。花枝间留出朱地空间，格调清新高雅。自盖至底，各层器口都镶以银扣，既造型别致，又兼具加固的作用。所有的花纹与图案均是采用戗金的工艺制作而成，戗划的线条流畅优美，不迟滞，无深浅不一，填入的金箔坚固，几乎没有剥落。可见在当时，戗金工艺已经相当成熟。

朱漆戗金人物花卉纹长方盒

Rectangular Red-lacquered Box with Gilt incised Human and Flower Design

南宋（1127～1279）

Southern Song period (1127-1279)

通高 11.6、长 15.2、宽 8.1 厘米

1978 年常州武进村前南宋家族墓出土

木胎，长方形盒身，带盖，盒身子口内套一浅盘，四面立墙到地，高出平底。盒外壁髹朱漆，内壁及底髹黑漆，盒盖内侧朱漆书"丁酉温州五馬锺念二郎上牢"款识。盖面戗划一老翁，身着宽袖服，袒胸露腹赤足，肩荷木杖，杖头挂钱一串，自山间行来，远处点以茅屋、树梢，画面平远开阔，意境清逸。盖四周及盒身立墙各自戗划牡丹、芍药、栀子、茶花等"一年景"花卉图案。漆盒造型简洁，漆质甚坚，戗金图案外留有较多空白，体现出宋代绘画简洁明快，雅致清新的时代风格。

填朱漆斑纹地黑漆戗金柳塘纹长方盒

Rectangular lacquered Box with Gilt Fine-incised Landscape on a Black Ground

南宋（1127 ～ 1279）

Southern Song period (1127-1279)

长 15.4、宽 8.3、通高 11 厘米

1978 年常州武进村前南宋家族墓出土

　　木胎，长方形盒身，带盖，盒身子口内套一浅盘，四面立墙到地，高出平底。盒身内外均髹黑漆，盒盖内侧有朱漆书"庚申温州丁字桥廧七叔上牢"款识。盖面以戗金线条勾勒出坡石、塘岸、柳干，再细刻垂柳细枝、水草、花卉，绘出一幅柳塘小景图。盒盖四周及立墙细刻梅花、荷花、菊花、牡丹等花卉。戗金线条内的金箔大部分已剥落，仅剩盖面留存些许金色。在景物以外的漆地上，密钻细斑，填以朱漆，并打磨平整，这种独特的髹漆技法是"攒犀"工艺成熟之前的雏形。整器满布纹饰，不留空地，独具一格。

剔犀执镜盒 | **Black-lacquered Handled Mirror Box with Carved Design**

南宋（1127 ～ 1279）

Southern Song period (1127-1279)

通高 3.4、长 27.3、盒外径 16 厘米

1978 年常州武进村前南宋家族墓出土

　　木胎，圆盒身，长柄，盒盖与盒底子母口扣合，底面平。镜盒外壁以黑漆为地，黑、褐、红三色漆更叠，内里髹黄漆。
盒盖顶面及侧面剔刻六组如意云纹，中部为对称的两组勾云纹；盖柄身剔刻两组如意云纹；盒身侧面剔刻十组卷云纹。
整体造型别致，漆层肥厚，刀口流畅自然，展现出纯熟的剔刻技艺，是宋代剔犀漆器的代表之作。

银扣漆盒 | Lacquered Boxes with a Silver-covered Rim

南宋（1127～1279）

Southern Song period (1127-1279)

通高 3.7、直径 7.5 厘米

1978 年常州武进村前南宋家族墓出土

　　木胎，扁圆柱体，直口，平底，带盖，口部及盖边缘均镶嵌银扣，錾成子母口扣合。盒外壁髹褐色漆，内壁及外底髹黑漆。漆盒与漆奁、铜镜等女性梳妆用具一同出土，似为盛放胭脂水粉之用，且制作精良，虽轻巧却坚固耐用。

景德镇窑青白瓷瓜楞执壶 | Greenish-glazed Melon-shaped Ewer of Jingdezhen Ware

北宋（960～1127）

Northern Song period (960-1127)

高 15.8、口径 5.7、底径 8.8 厘米

1976 年常州武进郑陆周巷宋墓出土

    执壶通体施青白釉，釉质莹润，釉面有冰裂纹。盖为扁圆饼形，壶身为圆球形瓜楞深腹，肩腹部有宽扳柄，把手对应一侧有细长弯管流，扳柄下及管流下均刻划覆状荷花瓣纹暗花。

    执壶，又称"注子""注壶"，最初的造型是由青铜器而来，南北朝早期的青瓷当中，已经完成了这种执壶的造型。唐中晚期大量流行，基本取代了鸡首壶、凤首壶等，五代至北宋器身渐高，通体多压数条瓜棱，流渐趋细长微曲，曲柄高于壶口。这件执壶的壶身较为丰满，流细长但未高于壶口，既有北宋风格，又具有唐代遗风，应为北宋早期景德镇青白瓷佳品。

景德镇窑影青荷叶托盏 | Jingdezhen Ware Shadowy Blue Cup and Saucer in the Shape of a Lotus-flower

北宋（960～1127）

Northern Song period (960-1127)

高 8.7、托径 13.8、盏径 7.8、底径 4.8 厘米

1974 年丹阳导墅西庄宋墓出土

托盏胎体致密轻薄，胎薄近乎半透明。造型轻巧，盏、托为一体，托盘呈六瓣荷叶形，宛如一朵盛开的荷花。通体施釉，釉色白中闪青，釉质晶莹温润，整体像是青白玉雕琢而成。

托盏是茶具的一种。盏是盛水之器，故致力于深和圆的造型，并以素洁取胜；而盏下的托盘为承托茶盏，以防烫指之用。这件托盏，茶盏和盏托连为一体，一方面更加稳固，一方面也是一种简化。而为了美观，特意在托盘周边切出花口，并让其微微翻起，像是一片软软的莲叶。宋代饮茶风气极盛，南北瓷窑竞相生产各类茶具。景德镇窑影青特有的白中泛出淡淡的青色，在饮茶人眼中，碗内茶水更像是"素涛"一般。

越窑青瓷刻花卷草纹镂空香薰 | Yue Ware Openwork Incense Bruner with Carved Scroll

北宋（960 ～ 1127）

Northern Song period (960-1127)

口径 9.3、圈足径 6.1、圈足高 1.1、通高 8 厘米

1975 年常州武进许家窑征集

　　香薰胎体坚致，施灰青色釉，釉质润泽。整体造型呈圆球形，盖顶镂雕卷草纹，缠绕转折的枝叶空隙为镂孔，将所燃香料置于炉内，焚香时香烟可从镂孔处徐徐飘出。薰座腹部为模印二层莲瓣纹。

　　日常生活中的熏香习俗在中国出现很早，熏香用具也根据所用香料的不同而有所变化，从战国时与薰草配合使用的豆式香炉，到两汉时与树脂类香料配合的博山炉，唐代随着香饼香丸的出现，出现了多种新的熏香用具；两宋时期，燕居焚香成为士人的一种生活方式，香事文化也随之到达巅峰，各式或精巧或别致的香炉、香盒更是大放异彩。

　　这件香薰造型典雅规整，釉色青莹润泽，正如北宋刘敞《戏作青瓷香球歌》云："蓝田仙人采寒玉，蓝光照人莹如烛。蟾肪淬刀昆吾石，信手镂花何委曲。濛濛夜气清且嬗，玉缕喷香如紫雾。天明人起朝云飞，彷佛疑成此中去。"

越窑青瓷刻花牡丹纹盖盒 | *Yue Ware Celadon-glazed Covered Box with Carved Peony Design*

北宋（960～1127）

Northern Song period (960-1127)

高 4.5、口径 13、底径 10 厘米

1983 年常州劳动东路工地出土

　　盖盒胎体厚实坚致，施灰青色釉，釉面均薄润泽。整体造型端庄稳重，浅坦腹，大圈足。盖顶面饰模印刻划缠枝牡丹纹，装饰纹样因物而宜，随盖面而成团形构图，画面丰满有序。花纹刻划而成，刀峰深刻，具有浮雕感，枝干清晰，花叶绽放，具有勃勃生机。

　　这件盖盒造型浑圆，装饰典雅，颇具盛唐遗风。无论是造型还是装饰盖面纹饰的技法处理，都带有金银器的錾、凿、锤的艺术效果，显得优雅而华美，代表了越窑青瓷工艺高峰时期的水平，堪称精品。

越窑暗花花草纹八角青瓷葫芦瓶 | Yue Ware Gourd-shaped Octagonal Vase with Veiled Floral Design

北宋（960 ～ 1127）
Northern Song period (960-1127)
高 7.5、口径 1、底径 2.2 厘米
1984 年常州清潭体育场出土

葫芦瓶胎薄细腻，釉色青中泛绿，釉质晶莹、均匀清澈，犹如一湖清水，可称得上"秘色"瓷。葫芦瓶器型虽小，但造型优美，瓶体以八楞相隔，使"葫芦"平添了艺术韵味，更妙在其每楞间饰之轻盈的卷草纹划线，线条清晰纤细、随意流畅。此瓶小巧纤秀，亭亭玉立，八角造型简约而又不失别致，寥寥几笔卷草纹精炼简洁，给器形增加的变化画龙点睛，具有"天然去雕饰"的美学风范，是北宋早期越窑青瓷小件器之精品。

定窑银包口暗花透明碗 | Ding Ware Silver-rimmed Transparent Bowl with Veiled Design

南宋（1127～1279）

Southern Song period (1127-1279)

高 5.2、口径 15.4、底径 3.2 厘米

1976 年常州武进村前南宋家族墓出土

　　这件白瓷碗，胎体轻薄，对光透明，通体施白釉，釉色莹润微显黄。整体呈笠帽形，工艺上采用覆烧，芒口，口沿镶银包口，经过长久的时光洗礼，银边已经氧化发黑。碗内壁满饰纹饰，主题纹饰为凤舞牡丹：牡丹花纹茎蔓缠绕婉转，花叶纷披连绵，俯仰有致，两只飞凤翔舞其间，给人以欣欣向荣之感。

　　定窑是宋代北宋五大名窑之一，瓷质精细洁白，器形轻巧俊秀，装饰工艺精湛，最为突出的就是印花装饰。这件银包口暗花透明碗即是定窑白瓷艺术特点的实例，其胎体轻盈坚致，釉面润泽光洁，特别是印花纹饰清晰而流畅，表现了纯熟卓越的印花技巧。清晰的印纹，加之口沿的银包口，配在温润晶莹的牙白色釉面上十分雅洁优美。一件器物上两种工艺巧妙地结合成完美和谐的整体，可谓定窑白瓷中精美之作。

吉州窑黑釉剪纸贴花凤纹碗
Jizhou Ware Black-glazed Bowl with Paper-cut Phoenix Design

宋（960～1279）

Song period (960-1279)

高 6.1、口径 15.2、底径 4.6 厘米

1982 年常州青龙港工地出土

　　这件吉州窑碗通体施黑釉，碗内釉面饰等距三个剪纸贴花凤凰纹，凤纹展翅飞舞，生机盎然，碗外则饰以玳瑁釉。"剪纸贴花"与"玳瑁斑"均为吉州窑之特色工艺，此碗集二者于一身，灵动娟秀，可见当时制瓷工匠的创新构思和卓越技艺。

　　宋代是中国茶文化的鼎盛时期，宋人无不以饮茶为时尚，其饮茶之法以点茶为主。在这样的习俗中，黑色的茶盏因为方便人们观看茶膏而受到喜爱，由此在全国兴起了不少烧黑瓷的瓷窑。其中，吉州窑的工匠将民间剪纸手法运用于陶瓷生产，从而赋予沉闷单调的黑瓷以浓郁灵动的民俗之美，这种新颖的装饰手法为宋代点茶艺术锦上添花，称之为"剪纸贴花"。

　　常州出土的这件吉州窑黑釉剪纸贴花凤纹碗，既是中国古代劳动人民的智慧结晶，也是宋代茶文化在常州传播与兴盛的有力证明。

景德镇青白釉褐彩大圆盒

Jingdezhen Ware Large-sized Round Box with Greenish Glaze

北宋（960 ～ 1127）

Northern Song period (960-1127)

高 7.3、口径 11.5、底径 5.8 厘米

1986 年常州北环二村出土

　　扁圆盒形，盒盖略呈圆弧形，饰以简单的弦纹及褐彩圆点。釉色白中泛青，清冽而典雅，深沉幽静，又充满生机。

　　这类圆盒应是一种油盒，是宋时妇女盛装头油的容器。古代女性在头发上刷头油，是通过头油来固定发丝，早在东汉，刘熙《释名·饰首饰》即云："香泽者，人发恒枯悴，以此濡泽之也。" 到了宋代，南方特产的各种芳香花朵被开发出来，从此，中国女性的一头青丝便散发着沁人的花香。在宋人陈敬所撰《香谱》"香发木犀油"就是记录这种宋代最流行头油的制作工序。当然，这种头油制作工艺繁琐，价格昂贵，在当时也是稀有之物，因而用清雅高贵的青白瓷油盒来盛装。

青白釉暗花缠枝牡丹纹唾盂

Greenish-glazed Refuse-vessel with Veiled Interlaced Peony Design

北宋（960 ～ 1127）

Northern Song period (960-1127)

高 10.8、口径 15.6、底径 12.4 厘米

1978 年常州武进村前征集

唾盂整体造型模仿了青铜尊，外翻敞口、束短颈、扁圆鼓腹，下接喇叭状圈足。其胎体坚致且较厚重，通体施釉，釉色白中闪青，釉面有细碎开片纹，有温润如玉之感。在唾盂的鼓腹部，装饰以暗花缠枝牡丹的刻划纹，纹饰构图简炼，纤细的线条流畅飘逸，又赋予器物以恬静秀雅的意境。这件唾盂既是生活日常使用的实用品，同时也满足了人们的审美需要，在实用与美观的统一中，展示了当时制瓷工匠的高超熟练的创作技巧，是一件北宋时期景德镇窑青白瓷的上来之作。

景德镇窑影青刻花牡丹纹筒式炉
Jingdezhen Ware Shadowy Blue Cylindrical Censer with Carved Peony Design

南宋（1127～1279）
Southern Song period (1127-1279)
高 15.7、口径 12、底径 10.4 厘米

整体造型呈筒式，胎体厚重，釉面是温润细腻的青白色。靠口沿处饰一周回纹，腹部主题纹饰为牡丹花卉纹，底部饰水波纹，均用刻划手法，刻纹精细清晰。牡丹花型硕大，线条略显稚拙，却与厚重的胎体协调，显得沉稳朴实，主题纹饰以外的空隙布满篦划纹，布局繁而不乱、生动活泼。

这件筒式炉属于供器。瓷质类供器的使用始于唐，发展至宋代，器物类型已经明显增多，但是还没有固定的规格和品类，且往往与日常生活中使用的器皿相混淆。这件筒式炉，在供器的庄重中还透出了生活的轻快气息，正是民间供器初露端倪时期的典型特征。

龙泉窑粉青釉弇口碗
Longquan Ware Bluish-green-glazed Bowl with a Contracted Mouth

南宋（1127～1279）

Southern Song period (1127-1279)

高 5.4、口径 13、底径 3.5 厘米

1979 年常州红卫摇树村出土

　　敛口，斜弧壁，圈足很小，整体造型似倒置的帽子，釉色青绿，底无釉露灰白胎，底心有乳点。碗外壁两道弦纹下为印花瘦长莲瓣纹，内壁刻划花叶纹。碗心刻有一字，应是先刻字再上釉，釉层太厚使字迹模糊不清。此碗造型轻巧大方，线条流畅，刀法洗炼，简约随意，静谧恬淡，婉约细腻，乃是南宋龙泉窑粉青釉瓷器中的精品。

"出门税"金牌（29 枚） | "City gate tax" Gold Plaques

南宋（1127 ～ 1279）
Southern Song period (1127-1279)
每块约长 1.7、宽 0.9、厚 0.1 厘米，重约 4 克
1978 年常州金坛茅山窖藏出土

　　金牌为长方形薄片，重量皆在 4 克左右。其正面或两侧均有用字模打印的砸印文字，铸有"出门税""王周铺""行在周宅赤""十分（赤）金"等字。这些文字代表着金银铺名、金银铺店主名或工匠名以及成色、重量、用途等，"出门税"就是指其用途。从出门税的字面理解，应该是南宋政府向行商征收的税项之一。这批金牌的发现，是南宋税制的重要实证，具有较高的研究价值。

"中兴复古"香饼 | "Zhong Xing Fu Gu" Sachet

南宋（1127 ～ 1279）

Southern Song period (1127-1279)

边长 4.5、厚 1 厘米

1978 年常州武进村前南宋家族墓出土

　　灰褐色，平面呈正方形，正面模印有"中興（兴）復（复）古"四字楷书，背面隐约模印两条曲身向上的龙纹。"中"字钻有小孔，可穿绳悬挂。此"中兴复古"香为南宋皇帝亲手调制，以沉香为主料，糅杂了龙脑、麝香等一系列名贵香料制作而成的。从"中兴复古"四字看出，南宋帝王仍胸怀中兴社稷的梦想，意图恢复祖辈大好河山。香饼出自皇宫大内，且与典籍记载相吻合，为目前发现同时期相类似的唯一之物，极具艺术与研究价值。

琴式抄手砚 | *Qin-shaped Hand Copied Inkstone*

宋（960 ～ 1279）

Song period (960-1279)

通长 22、宽 5.5 ～ 6、高 4 厘米

1960 年常州工业专科学校征集

　　砚为古琴式样，灰黑色，抄手式，砚面平滑，一侧凹陷作为砚池。两端圆弧，各阴刻有五根琴弦，砚池端还阴刻出冠角，一改普通砚台扁平厚实的造型，整体修长精致，颇具美感。把古琴的式样融入到砚台之中，"琴"和"砚"完美结合，体现出宋人优雅的生活态度和丰富的想象力。

毛笔 | Writing Brush

南宋（1127 ～ 1279）

Southern Song period (1127-1279)

笔长 16.1、毛长 3.8、笔帽长 11.6、笔管直径 1.1 厘米

2006 年常州常宝钢管厂宋墓出土

　　笔杆与笔帽为竹制，笔头根部缠绕丝带植于杆内。这支毛笔属于"有心笔"的范畴，外围披毛之下，另有以麻纸包裹的紫毫笔心，不同于现在常见的无心散卓笔。有心笔笔锋粗短且锐利，写出的字清秀挺拔，道劲有力，更适合撰写小字。这支毛笔保存完好，品相极佳，堪称宋代有心笔的代表之作。

水晶绦环（2 件） | **Ringlike Crystal**

南宋（1127 ～ 1279）

Southern Song period (1127-1279)

其一长 6.1、宽 4.7、厚 0.9 厘米，其二长 7.8、宽 5、厚 1 厘米

1978 年常州武进村前南宋家族墓出土

　　这对水晶绦环均为水晶制作，质地莹润光洁，透明度颇高，视之有温润清澈感。整体呈椭圆形，中心镂海棠形孔，整体似剑环。两件形制大体相同，长宽比例略有差异。

　　绦环常与丝绦配合使用：丝绦绕腰一周，于腰前系缚绦环左右两侧，并下垂流苏。绦环就其材质而言，有金、铜、铁、玉、玛瑙等。绦环的流行使用滥觞于宋，宋人喜带玉绦环，《古今考》谓："士大夫民庶贵玉绦环，以丝为绦，多用道服腰之为美观。"宋代文人穿着闲居之服时，腰间常系丝绦，下端配缀流苏。宋代绦环多以玉石制成，所谓"清其意而洁其身"。绦环造型简约别致，用料上佳，丝绦缠绕腰间，松散而不紧缚，尽显宋代文人雅士的风流之度。

"常州菓子行"铭方镜 | *Mirror Inscription of "Chang Zhou Guo Zi Hang"*

宋（960 ～ 1279）

Song period (960-1279)

边长 8.3 厘米

1985 年常州红梅新村工地指挥部征集

　　此镜质地轻薄，呈方形，素缘，小圆纽，纽右侧长方框内有三行铭文："常州菓子行西供使蒋家工夫青铜镜子请记"。由铭文可见此镜由蒋家作坊制造，被称为"供使"可知此镜由官方委托"上供下使"而制成。而作坊的地址就在常州府一处叫做菓子行的地方。

　　中国的铜镜制作延续到南宋时，创新了商标号纪名镜，镜上铭记的格式为先标州名，再标姓或姓名，最后冠以"照子"或"镜子"，这种铭记起到广告的作用。重实用不重纹饰是南宋镜的最大特点，宋代除了名号，没有任何纹饰的商标铭文镜极为流行。南宋的商标号铜镜产地集中于江浙地区，官私作坊均有制造。这面铜镜是研究常州地方铸镜业和常州地方史志的重要实物资料，同时也是南宋时期常州手工业繁荣的有力证据。

铜剪刀 | Copper Scissors

宋（960 ～ 1279）

Song period (960-1279)

长 15.9 厘米

1975 年常州武进成章乡征集

　　此剪刀为铜质，为宋代典型的双股剪刀。通身修长，锋刃尚利，两股中间连接处铆钉四周围绕着 12 个小孔，双环形手把之环较小，可供成年人一指穿过，手把以卷草纹修饰，使用时一张一合，颇得雅趣。如此做工精致，设计新巧，想来应为高门闺秀日常所用之物。

　　剪刀是人们生活中不可或缺的日常用具。据文献记载，中国剪刀的历史可以追溯到西周初年，而考古发现最早的是战国时期的一把铁剪刀。此后，剪刀经历了从交股剪刀到双股剪刀的演进。早期的交股铁剪刀为短柄长刃，双刃并行，没有明显的刃部，制作非常简单，仅用长条形铁片弯曲而成。而到北宋时期，双股铁剪刀开始出现，工匠在剪刀的两股中部用铆钉钉连，设双环形把，其结构开始逐步趋于合理。

金镯（2 件） | Gold Bracelets

南宋（1127 ～ 1279）

Southern Song period (1127-1279)

宽 2.7、径 6.2 厘米，重 74.4 克

1976 年常州武进村前蒋塘南宋家族墓出土

　　此对金镯为纯金打造，一端开口，镯面宽扁，錾压出三道凹棱，素面无纹，整体简素又不失精致。

　　手镯，亦称"钏""手环""臂环"等，是一种戴在手腕部位的环形装饰品。其质料除了金、银、玉之外，尚有用植物藤制成者，但以金玉居多。据有关文献记载，在古代不论男女都戴手镯，女性作为已婚的象征，男性则作为身份或工作性质的象征。

　　此对金镯出土于常州本地南宋墓。由其工艺和设计上可以看出，在南宋一朝，社会推崇简约风尚，故当时的金银器在造型上不事繁缛，但是在细节处却极尽工巧，体现了匠人高超的工艺水平。

球形金发簪 | Silver Hair with a Ball-shaped Gold Head

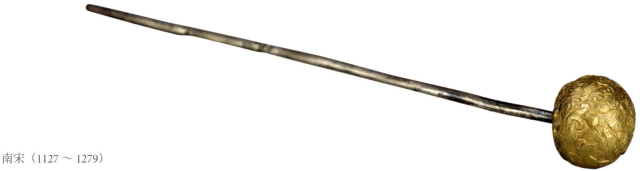

南宋（1127 ～ 1279）

Southern Song period (1127-1279)

通长 18.2 厘米，金球重 14.6、银杆重 12 克

1986 年常州北环工地宋墓出土

　　簪首金质，呈球状，中部为两只飞凤，飞凤周围祥云缭绕，下部莲瓣纹相衬。两种纹样结合，寓意吉祥如意、子孙昌旺。金球中空，内为木质芯。簪杆银质，呈针状。该簪造型独特，纹饰细腻，精致美观，体现了当时民间的审美和时尚，具有较高的经济、艺术价值。

银饰件 | **Silver Ornaments**

宋（960 ～ 1279）

Song period (960-1279)

长 16.4 厘米

1976 年常州武进横林镇征集

　　银质，由空心圆柱状的事件筒和银耳挖、银刮舌（又有说是"发刷"或"裁刀"）各一件组成，出土时筒帽缺失。事件筒遍饰花叶纹样。耳挖勺用于挖耳，刮舌用于清洁舌苔。

　　早在唐代，耳挖、牙签、镊子等物就以组合的形式成为人们随身佩带修颜、清洁之用的卫生用具。其"事"以三件最常见，又称"三事儿"，少者可以一两件，多者可达四五件，材质或金或银。这些工具除具有实用价值外，还常常被串连在一起，成为一种佩饰。馆藏这套银事件，其物虽小，却彰显了宋代文人雅士对精致生活的追求。

— "纸城铁人" —
The Dauntless Spirit in Vulnerable City

　　宋末元初，元兵挥戈南下进犯京城临安。常州作为临安的屏障，成了兵家必争之地，发生了历史上有名的"常州保卫战"。常州城无险可守，被元军统帅伯颜讥为"纸城"。然而，二万不谙战争的市民和数千名宋军士兵顽强抵抗二十万元军达半年之久。后人用"纸城铁人"赞美常州人不屈的英勇精神。

巴思八文漆碗 | Lacquered Bowl with Phagspa Script

元（1271 ～ 1368）
Yuan period (1271-1368)
高 8.2、口径 16.5、足径 7.4 厘米
1976 年常州武进卜弋孙家队元墓出土

　　木胎，用窄薄木片条圈叠成型。口沿外撇、腹部圆润，高圈足。通体髹偏橙红色漆，
色泽明亮，口沿一周及圈足内髹黑漆。圈足内朱漆书写的为元代巴思八文的"陈"字，
当为墓主姓氏。八思巴文，是元世祖忽必烈时期国师八思巴（又译为巴斯八）所创的
蒙古新字。这件漆碗上出现了巴思八文，足见当时的汉人已经彻底归服蒙古人的统治，
采用蒙古文字写书，是民族融合的有力佐证。

景德镇窑青花缠枝花卉纹大碗
Jingdezhen Ware Blue-and-white Large Bowl with Interlaced Flower Design

元（1271～1368）

Yuan period (1271-1368)

高 8.2、口径 17.8、底径 6 厘米

1978 年常州武进礼河元墓出土

　　青花碗胎体厚重，釉呈青白色，釉面有纵向冰裂纹和缩釉点。青花发色浓艳、有结晶斑。碗内外壁口沿各绘一周青花缠枝花卉纹，碗心绘如意飘带云纹，外壁饰一周变形仰莲纹。

　　元代青花除了以进口料绘画纹饰，构图满密、层次丰富、绘画工整、胎体厚重的"至正型"，也有以国产料绘画的小件器物，其胎轻薄，不甚精细，其纹样具有流畅奔放的特征，纹样构图较简单，绘画较粗率，以各种花卉纹饰为多见，常见器物有高中产杯、碗、盘、匜、香炉、小罐、蒜头瓶、玉壶春瓶等，多为日常生活用品，属民用瓷。这件青花缠枝花卉纹碗，画风随意而豪放，纹饰流畅，为元代景德镇民用瓷上品。

龙泉窑青瓷莲瓣双鱼纹洗 | Longquan Ware Dish with Lotus-petal and Fish Design

元（1271 ~ 1368）

Yuan period (1271-1368)

高 4.3、口径 12.3、底径 5.7 厘米

1982 年常州平桥工地出土

　　该器胎体厚重，造型端庄，施豆青色釉，釉质厚润均匀，有开片纹。碟内心模印背向游鱼一对，鱼身线条清晰流畅、技法高超、立体感较强。双鱼摇头摆尾，首尾相接，掩映于青翠的釉层中，仿佛正畅流于水中，栩栩如生。

　　"洗"是文房中的"浣笔用具"，就是一种盛水洗毛笔的用具。双鱼纹洗是龙泉窑一种常见的品种，明代高濂的《遵生八笺》卷十九中列举笔洗时，就已提到"以粉青纹片朗者为贵，古龙泉有双鱼洗、有菊瓣洗"。此双鱼洗整体布局合理匀称，釉色莹润淡雅、玉光蕴中、色泽柔美，器型古朴圆润、浑然天成，装饰纹样线条优雅大方，其精湛的工艺与超凡的艺术效果密切结合，相得益彰，达到了和谐完美的境界，具有很高的审美价值，实属难得一见的珍品。

卵白釉暗花梅瓶 | Egg-white-glazed Prunus Vase with Veiled Design

元（1271～1368）

Yuan period (1271-1368)

高 25、口径 3.5、底径 8.2 厘米

征集

　　器身整体修长，造型匀称，口沿较小，细颈，丰肩，腹上鼓下敛，底略外撇，假圈足。通体施乳浊卵白釉，白中闪青灰，釉质润泽肥厚。瓶身满布暗花纹饰，肩部饰内刻花朵纹的如意云头；腹部饰菊花纹，近底处为蕉叶纹。纹饰采用模印，布局繁而不乱，线条虽欠清晰但不失典雅，整体呈现出恬静舒逸的美感。

　　元代卵白釉，是景德镇窑在宋代青白釉的基础上创烧出的品种，这种瓷器胎骨洁白坚致，胎体厚重，釉层较厚，釉色润泽失透，显得凝重深厚而肥腻，呈现出白中微泛青的色调，犹如鹅蛋的色泽，故被称为"卵白釉"。

木杖 | Wooden Walking Stick

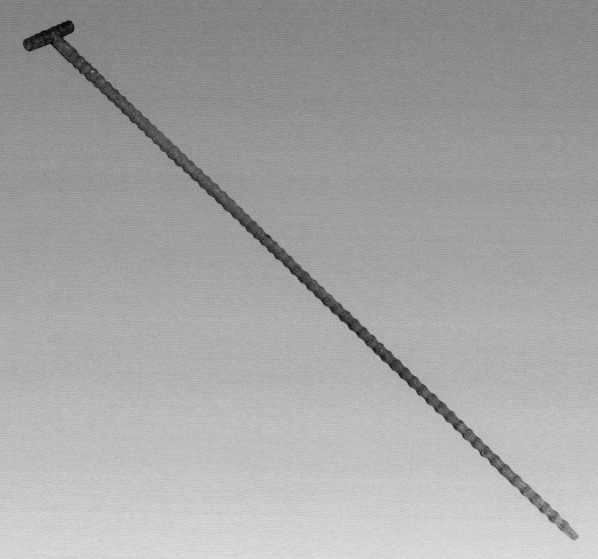

元（1271～1368）

Yuan period (1271-1368)

通长 126.5 厘米

1976 年常州武进卜弋孙家队元墓出土

　　T 型木杖，柄与杖身以榫卯相接，通体呈竹节状。古人称六十岁为"杖乡之年"，年过六十可以执杖行走于乡里。这件木杖杖身细长，几无开裂变形，磨制的竹节纹整齐而有规律，既具有装饰性又便于抓握，是较为少见的元代实用木器。

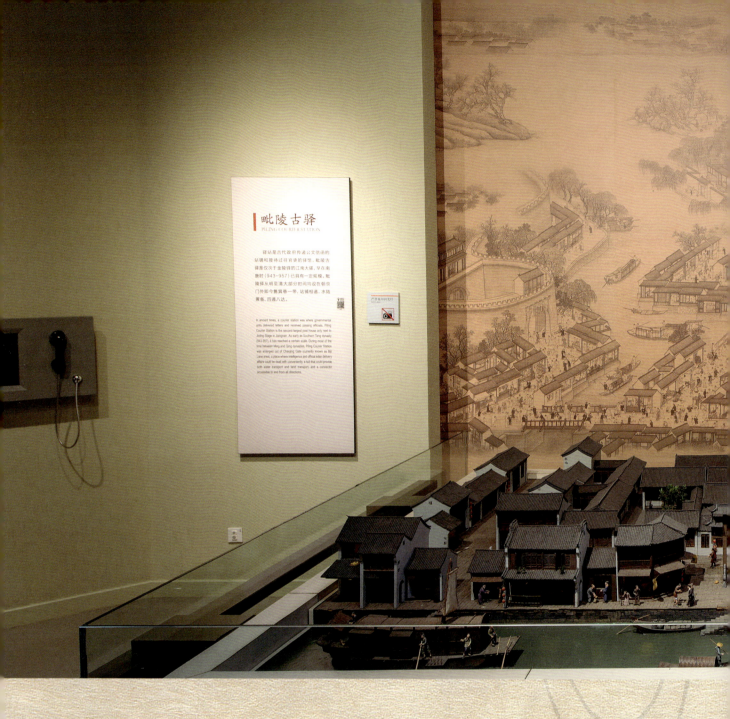

儒风蔚然

明清之际的常州

Blossoming Confucianism

Changzhou during Ming and Qing Dynasties

[毗陵古驿]

Pilling Ancient Temple

驿址变迁示意图

清代规制（为清代鼎盛时期）

毗陵驿沿革一览

　　虽然古越人以尚武好勇著称，但随着季札人文传统的确立、齐梁文化的熏染和科举制的刺激，加上唐宋以来社会经济的发展，常州地区的民俗发生了根本性的转变。宋代的常州已有"儒风蔚然，为东南冠"之誉，到明清时代，崇文重教更是蔚然成风，成为常州区域文化的突出表征。

– "市浮于农" –
"Trade over Agriculture"

　　明清之际，多种经营的发展活跃了城乡经济，加上运河漕运的枢纽地位，常州的工商业空前繁荣。明朝永乐年间，常州已成为中国 33 个较大的商埠之一。时人用"市浮于农"来概括这一地区社会经济的特点。这种特征，既深刻地影响了常州人的生存方式和价值取向，也为清代常州文化的高度发展奠定了基础。

龙泉窑青瓷印花人物诗句纹碗 | Longquan Ware celadon Impressed Bowl with Human verse Design

明（1368～1644）
Ming period (1368-1644)
高 10、口径 17.8 厘米
1977 年江阴祝塘出土

青瓷碗胎体厚重，造型敦厚、端庄，釉色豆青，釉质凝重润泽。碗内壁主题纹饰为四组人物诗句纹，四组仕女图案分别配上四句诗"惜花春起早，弄花香满衣，掬水月在手，爱月夜眠迟"，诗句出自《增广贤文》，碗内心有一"旺"字，均为模印。

龙泉青瓷在明代仍被称作"民窑巨擘"，在品种、形制、装饰手法上独具特色，模印人物故事纹是明代龙泉窑的典型图案。这件瓷碗端庄别致，纹饰构图严谨，图案清晰规整，线条流畅，釉色青绿滋润，有玻璃质感，为明初龙泉窑日用瓷中的佳品。

嘉靖仿宣德款青花松竹梅纹碗
Jiajing reign Copy Xuande Mark Blue-and-white Bowl with Pine, Bamboo and Plum Blossom Design

明嘉靖（1522～1566）

Jiajing reign, Ming period (1522-1566)

高 6.7、口径 13.2、底径 4.6 厘米

1996 年常州雕庄出土

　　青花碗造型规整，胎体轻薄，釉面清亮，青料发色鲜艳。碗心绘一朵茶花，腹部为松竹梅岁寒三友图，圈足青花双圈内书"大明宣德年制"六字二行楷书伪托款，实为嘉靖景德镇民窑产品。松、竹、梅分别象征常青不老、君子之道和冰肌玉骨，这三种植物不畏严冬，故名"岁寒三友"，是瓷器装饰的典型纹样之一。

六方紫砂罐 | Hexagonal Purple Clay Teapot

明（1368 ～ 1644）

Ming period (1368-1644)

口径 7.1、底径 7.7、高 12.9 厘米

常州经开区明墓出土

　　黄褐色，口、肩、圈足均为正六边形，罐身呈六棱微弧。此罐保存完好，表面光滑，造型
规整简约，是一件不可多得的明代紫砂器实物。紫砂是江苏宜兴特有的一种陶器，其色泽温润，
结构致密，质地细腻，造型多以壶、罐、杯为主，一般认为制作期始于明代，至今兴盛不衰。

镶宝石"喜上眉梢"金簪首 | Gold Hairpin with a Ruby-decorated

明（1368～1644）

Ming period (1368-1644)

长 8.7、最高 3.6 厘米，重 40 克

1977 年常州红梅乡出土

　　此簪为金质，出土时为一对，左右方向相对。整体由数朵梅花、枝叶及蝴蝶、鹊鸟组成。工匠用大片的扁金片制托镶嵌红宝石，镶嵌于其中最大一朵花的花心，宝石熠熠，更显花娇。宝石花旁伴有鹊鸟飞舞，另一侧则有彩蝶翩翩。花与叶互相缠绕，鹊与蝶遥相呼应，整体生机盎然，融洽和谐。民间匠人们以所喜爱的梅花谐音"眉"字，饰喜鹊于梅花枝梢，即组成了"喜上眉（梅）梢"的吉祥图案。

金蛙玛瑙发簪 | Silver Hairpin with an Agate Head Decorated with a Gold Forg

明（1368～1644）

Ming period (1368-1644)

全长 10、玛瑙径 3.4×2.8 厘米，重 25 克

1965 年常州和平新村明墓出土

　　此簪为一对两支，其簪首呈椭圆形，由金片打成底盘，包着荷叶状的白色玛瑙，荷叶上蹲一金蛙，金蛙栩栩如生，仿佛紧盯着猎物，下一刻就要捕食。两簪形态大体一致，荷叶上金蛙为两只一对。一雄一雌，一壮一瘦，两相映衬，颇为得趣。此簪制作工艺精细，造型生动传神，为明代贵金属与宝石相结合之佳品。

镶宝石金螳螂发簪 | Gold Hairpin with a Ruby-decorated Mantis

明（1368 ～ 1644）

Ming period (1368-1644)

长 15、宽 0.5、宝石底座 3×0.5 厘米，重 34.7 克

1982 年常州丽华新村出土

　　此簪为金质，簪头为椭圆形莲花座，上嵌较大的蓝宝石。簪身扁凹形，下半段呈波浪形。簪身与簪头的结合处饰一栩栩如生的螳螂，螳螂身嵌一小颗红宝石。簪身上半段刻有暗花，整体精雅别致，为明代头面中佳品。

　　草虫是明代女子头面首饰中既特别又颇受欢迎的题材。蝴蝶、蜻蜓、螳螂、蜘蛛、蝎子作簪首，配上草叶，或金或银，娇俏可爱、玲珑精致。虽然是头面中的小物件，却最是活泼生动，成为古代妇女日常簪戴的流行物件。草虫首饰的题材得自绘画，其设计也有与绘画相关的构图来源。簪钗制作与当时女红中的纹样有异曲同工之处，自然也表明二者的纹样设计有着相近的文化背景，且被后世工艺制作所借鉴。

葫芦形金耳坠、嵌玛瑙葫芦金耳坠 | Gourd-shaped Gold Earrings

明（1368～1644）

Ming period (1368-1644)

① 嵌玛瑙葫芦金耳坠

长约 0.7 厘米，重 9.4 克

1970 年常州天宁区茶山王家村出土

———————————————————

　　耳坠主体为玛瑙，呈葫芦形，色白而质润，且中空。底部作钱纹，有一孔，上端为顶部有小金珠的五片蕉叶。

② 葫芦形金耳坠

每只弯长 7.6 厘米

常州红梅乡出土

① ②

———————————————————

　　通体纯金制成，中空，呈瓜楞葫芦形。

　　耳坠，又名耳环、珥、珰，是戴在耳部的一种装饰物，人们佩戴耳坠历史悠久，其形小巧玲珑，在各色女子们的方寸耳间大显光彩。葫芦形耳坠是明朝时期的流行样式，其以锤鍱、模压、錾花、焊接等工艺制成，上至皇亲贵族，下至平民百姓，都很风行。其流行可能与明朝皇室信奉推崇道教有关，因为葫芦是道教法物、是大仙的法宝，且葫芦又谐音"福禄"，寄寓着人们的美好意愿。

凤凰缠枝花纹金分心 | Gold Ornament with Interlaced Phoenix and Flower Design

明（1368～1644）

Ming period (1368-1644)

长 13、最宽处 3.9 厘米，重 25 克

1970 年常州天宁区茶山王家村出土

———————————————————

　　此分心为金质，饰件呈长弧形，中间宽，两端窄。饰件中心錾刻怒放的牡丹，两旁有双凤缠绕，饰件两端各有一缠枝的含苞牡丹。纹饰细密繁复，雍容华贵，为明代女性头面之佳品。

　　分心是明代妇女插戴在鬏髻前或后的一种式样特殊的簪。它和挑心一样，本质还是一个发簪，但是插在了发髻的特定位置。分心是插戴于鬏髻底部，挑心之下，通常是前后成对出现。

六字大明咒纹银香盒 | Square Silver Box with the Six Character Great Bright Mantra

明（1368 ～ 1644）

Ming period (1368-1644)

长 8.3、宽 8.5 厘米

1998 年常州和平新村工地明墓出土

　　银质，长方形，抽屉式结构。一面中心为"福"字，周围为梵文六字箴言，四角饰云纹；另一面为九宫图，正中为"寿"字，四周为八宝图案。盒身配以银链，可以随身携带，里面应放置梵咒之类跟佛教有关的小物件。

　　六字大明咒，又称六字大明陀罗尼、六字箴言、六字真言、嘛呢咒，是观世音菩萨心咒，源于梵文，其内涵异常丰富。此银盒制作工艺精湛，装饰华丽，具有较高的宗教、历史和艺术价值。

鎏金银孔雀纹霞帔坠子 | Gilding Silver Peacock Pendants of Embroidered Tasseled Cape

明（1368～1644）

Ming period (1368-1644)

高17、最宽处9厘米

1998年常州和平新村工地明墓出土

整体呈鸡心形，由两半扣合而成，坠子中心透雕一孔雀纹样，底为百花纹样，帔坠顶端有四片托叶拢合成蒂，其上装有U形弯钩，整体造型别致生动。

这是目前常州地区发现的唯一一枚明代官制霞帔坠子实物。霞帔通常是一条狭长形的布条，上绣纹样，使用时悬挂在项上，由后绕之胸前，在霞帔下端系有一枚坠子，以防止帔帛随风飘扬。明代霞帔流行更盛，官方也第一次对霞帔以及帔坠的样式和装饰纹饰作出规定，从而使霞帔成为区别命妇身份地位的重要标识。常州博物馆的这枚帔坠材质为镀金银质，说明其可能是当时四品官员之命妇所佩之物。

丝绸标本一组 | A group of silk Debris

南宋（1127～1279）
Southern Song period (1127-1279)
纵 27、横 34.5 厘米
常州武进村前南宋家族墓出土

　　早在唐代，常州的丝织品就作为贡品而闻名于世。宋代时，常州与苏州、杭州、湖州、松江成为江南五大丝织产地，史籍载："宋有机户善织，号晋陵绢"，这种精美的丝织品曾闻名全国而畅销。但由于地质、土壤酸碱、棺液腐蚀等影响，遗存有丝质物品的墓葬数量较少。武进村前南宋家族墓中，仅两座宋墓（1 号墓和 5 号墓）出土丝织品，且多数已腐朽。织物品种有绢、绫、罗、绉纱等，以罗为多。可辨认的衣服有袍、衣、裤、鞋、袜、贴绣褡裢等。这批织品颜色、质地、花型、织法种类丰富，通过修复手段我们保存制作了烟色罗单衣、牡丹花罗夹裤、米字绫夹衣等一批残片标本，使我们得以窥见当时丝绸织业的盛况，也是我们研究宋代丝织品非常重要的实物资料。

　　①米字纹绫：经密 42 根／厘米，纬密 44 根／厘米，经丝投影宽度 0.2－0.25 毫米，纬丝投影宽度 0.2 毫米。以斜方格为框，中间米字纹，花纹规正。②米黄牡丹花罗：经密 45 根／厘米，纬密 32 根／厘米，经、纬投影宽度 0.1 毫米，花朵直径 6－8.8 厘米，花纹风格崇尚写实，构图匀称，线条流畅。③印花绢：平纹，淡黄色地，印染蓝色小花卉纹，质地轻薄坚韧，光泽细洁柔和。

— "龙城象教" —
"Religion in Changzhou"

　　常州的佛道二教都很发达。六朝以来，常州的佛教有很大的发展，与人们的日常生活发生着密切的关系。始建于唐代的天宁寺，其高大巍峨，国内罕见，清代成为"东南四大丛林"之一；道教将茅山视为江东圣地，为十大洞天中的第八洞天，七十二福地中之第一福地。尤其是陶弘景创建茅山上清道团，对道教的发展产生了重大的影响。

景德镇窑影青观音坐像 | **Shadowy Blue Seated Avalokitesvara of Jingdezhen Ware**

南宋（1127 ～ 1279）

Southern Song period (1127-1279)

高 25.4、底座 10.9×6.5 厘米

1978 年常州市委人防工程宋井出土

　　观音头戴化佛冠，面相端庄安详，弯眉细目，秀鼻小口，胸佩璎珞，身披通肩大衣，双手结定印，手腕戴环钏，跣足，善跏趺坐于石崖之上。前面为莲花插座，净瓶和小鸟分列左右。观音所披大衣和石崖处施青白釉，釉质滋润，有冰裂纹，其余部分都为涩胎。观音面部经化妆土处理后，更显得白净细腻。这尊观音像的细部雕琢十分精细，比如观音的手指，刻画细致精到，连每根指头上的指甲都纤毫毕现，令人叹为观止。

　　整件作品胎质坚致细腻，釉色均匀滋润，涩胎的处理，更增加了作品的层次感。人物造型比例协调、线条流畅，体态轻盈。特别是对观音面部的刻划，匠心独运，充分体现了南宋时期瓷塑作品的独特风格和纯熟技艺，是我国古代瓷塑作品中十分罕见的艺术精品。

吉州窑彩绘净瓶 | Jizhou Ware Color Painting Holy-water Vase

元（1271～1368）

Yuan period (1271-1368)

高 8.8-9.5、口径 1.7-1.9、底径 2.7-3.5 厘米

1984 年常州纺机厂工地出土

　　这组元代瓷瓶，大小尺寸相近，造型相同，器表都施炒米白色釉，饰以褐色彩绘，其纹饰布局及彩绘运笔均同一风格。彩绘纹饰分几个层次，腹部主题纹饰分两组：一组为满绘海波纹，构图丰满，笔法简洁而酣畅。另一组为开光缠枝纹，腹部饰对称花形开光，开光窗外满绘缠枝卷草纹，卷草纹茎叶缠绵，环绕连续，充满生机；一瓶开光内绘折枝纹，折枝横斜疏瘦，脱俗不凡；一瓶开光内绘一对自由活泼的奔鹿，飞腾跳跃，灵动传神。

　　吉州窑装饰风格既吸收了中原的艺术风格，又发扬了本土的人文情趣，其内容以讴歌百姓美好生活为主，纹样取材于自然界中的动植物和人们的生产生活。鹿纹就是吉州窑具有代表性的装饰纹样，长颈瓶上描绘的小鹿双目圆睁，双耳竖起，身躯紧缩，弓身翘尾，抓住了小鹿腾空跃起瞬间的动态，生动地刻画出小鹿在奔跑状态中保持的机警特性，简洁传神，活泼可爱。这组长颈瓶器形虽小，但造型端庄，规整典雅，装饰画面处理简洁，黑白鲜明，主题突出，疏密有致，动静结合，体现了吉州窑匠师娴熟的绘画技艺和丰富的创造力。

梵文"十相自在"金发簪｜Gold Hairpin Inscribed Sanskrit Pattern

明（1368～1644）

Ming period (1368-1644)

全长 12.1 厘米，重 31 克

1970 年常州天宁区茶山王家村出土

　　此簪首为纯金制成，梵文"十相自在"字样颇似一"寿"字，字头作日月之形，太阳还放射着光芒。簪杆为银质。此金簪工艺颇为精良，寓意特殊，在明代头面中地位独特。

　　藏文 man-bcu，汉文译为"十相"，可以理解为 10 个符号所象征的须弥山和人身体的各部位，由 7 个梵文字母再加日、月、慧，共 10 个符号元素组成；藏文的 dbang-ldan 直译为具有力量，旧译为"自在"。两者加在一起可以简单地理解为具有神圣力量的 10 个符号，十相自在是：寿命自在、心自在、愿自在、业自在、受生自在、资具自在、解自在、神力自在、法自在、智自在。

铜"太子降生"像 | Bronze Sculpture of "Birth of the Prince"

明（1368 ～ 1644）

Ming period (1368-1644)

通高 37、释像高 22.5、底座厚 2 厘米

馆藏

　　此像表现的是释迦牟尼佛诞生时的形象，释迦太子在印度诞生时的手势就是右手指天，左手指地。印度人自古就有尚右的习俗，而佛教传入中国后，中国对印度的太子诞生像进行了重新塑造，变成了左手指天，右手指地的形式，就像中国佛教对印度其他佛教思想和文化的改造一样。我们可以看到其局部细节如五官、胸、腹、膝盖、手指和脚趾等部位，都一丝不苟地进行刻画，可惜此像右手略有残缺。莲座下四位侍者表情生动，神态各异。

　　这尊造像也具有鲜明的中原地区造像特征，造像的面相具有中原地区的审美特征，而非印度或者尼泊尔人面貌；造像衣饰，亦具有较强的质感；造像以合金铜铸造，更体现了中原地区特有的工艺技术特点。综合来看，此像整体风格融合了梵汉两种艺术元素，属于典型的汉梵造像风格或汉藏造像风格。

"九老仙都君印"钤印布 | Cloth Printed Seal of "A Taoist Idol--Jiu Lao Xian Du Jun"

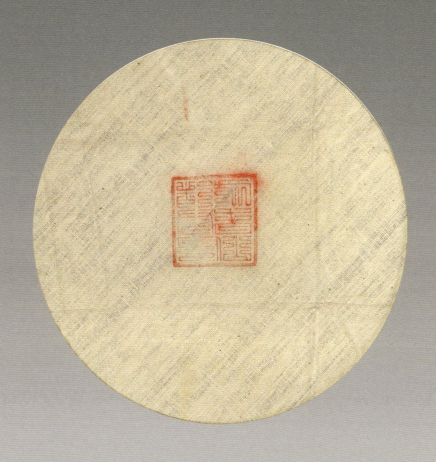

明（1368 ～ 1644）

Ming period (1368-1644)

边长 37 厘米

2004 年常州蓝色星空建筑工地毕宗贤墓出土

钤印布为棉布，装在毕氏胸口位置的一个布袋内。布面中心位置钤有一方两列六字叠篆阳文印，印文为"九老仙都君印"。"九老仙都君印"为茅山上清道团所用法印，被认为具有通神之力，是茅山道教科仪中的重要法器。墓葬中出土该钤印布证明，墓主在下葬前应由茅山一脉的道士举行了度亡醮仪式，借"九老仙都君印"的法力为死者济幽度亡。因此，"九老仙都君印"钤印布是颇为难得的明代茅山道教参与葬俗的证据，对于研究明代江南地区道教文化也有重要价值。

泥质磨喝乐塑像 | Clay Sculpture of Mo He Le (Mahoraga)

①   ②   ③   ④

宋（960～1279）

Song period (960-1279)

高 6.9-10.5 厘米

常州和平路车队唐－元遗址出土

---

① 吕洞宾像，头戴纯阳巾，巾带自耳后垂落，方脸，眉目俊朗，颌下三绺短髯。身穿宽大道袍，腰系丝绦，着云头履，双手拱于胸前，端坐于湖石之上。

② 钟离权像，头绾双髻，披发于脑后。圆脸，凤眼蚕眉，长髯拂于胸前。缀叶为帔，身穿宽大道袍，腰系丝绦，跣足，端坐于湖石之上。左手横持一法器，右手捋须，口舌微张，作说法状。

③ 徐神翁像，头戴软平帻，披发于脑后。圆脸，圆眼细眉，颌下三绺短髯。身穿宽大道袍，袒胸露乳，腰系丝绦，着云头履，端坐于湖石之上。左手抚左膝，右手握一系带，系带搭于右肩，身后背一葫芦。

④ 铁拐李像，头戴风帽，圆脸无须，身穿宽大道袍，袒胸露乳，腰间系带，绑腿，坐于湖石之上。右手抚右膝，左手握一根拐杖，左腿隐于袍内，面作微笑神情。

磨喝乐，是梵文 Mahoraga 的音译，原指佛教八部众神之一，自唐代传入中国后逐渐演化，至宋元时期达至顶峰，其形象亦从蛇首人身变为孩童、神像、麒麟、禽兽等各类造型。供奉磨喝乐多在农历七月初七的"七夕"之日，最初是妇女祈孕求子、许愿祝福之用，后来随着塑像题材的多元化，其功能也逐渐演化成兼具游戏性质的玩具。

－ 灵 动 的 刻 刀 －
Flexible Graver

　　常州人的精巧心智，在各种灵动的刻刀中得到突出的表现。早在晋代，常州梳篦便闻名遐迩，清代更成为宫廷御用的珍品。常州的留青竹刻在中国工艺美术中享有盛誉。所刻山水，收壮美天涯于咫尺竹面，意境深远；所刻书法，保留了原作生动的墨趣和韵味；所刻花鸟翎毛，给人以文静清秀、高雅古朴的艺术享受。常州的刻纸艺术也受到了越来越多的关注。它来自传统悠久的民间剪纸工艺，在不断的创新中发展成常州地区民间工艺的一朵奇葩。

镶珠半月形木梳 | Semilunar Comb Inlaid with Beads

南宋（1127 ~ 1279）

Southern Song period (1127-1279)

长 9.2、最宽 4.2、厚 0.4 厘米

1978 年常州武进村前南宋家族墓出土

　　半月形，梳齿细密，梳背轻薄，一排细密的珍珠绑缚于梳背外侧。梳篦的材质多样，常见的有木、角、玉、金属等，是古人日常生活必备之物。齿疏的为梳，用于理顺头发，齿密的为篦，用于清理发间污垢和虱虫。此梳轻巧纤细，造型别致，绑缚的珍珠排列紧凑，大小几乎一致，颇具装饰意味，应为当时妇女插于发髻之上的装饰之物。

包金半月形木梳 | Semilunar Gold-covered Wooden Comb

南宋（1127 ~ 1279）

Southern Song period (1127-1279)

长 9.1、最宽 4.2、厚 0.5 厘米

1976 年常州武进村前南宋家族墓出土

　　半月形，梳齿尖细，梳背轻薄，整个梳背被一层金箔包裹。整体形制与镶珠半月形木梳相似，亦为装饰之用。梳和篦，古时又称为"栉"，以常州梳篦最具代表性，其历史悠久，制作精良，闻名海内外，有"宫梳名篦"之称。

白士风竹刻六联屏风 | Six Joint Screens of Green-retaining Bamboo Carving by Bai Shifeng

现代（1949 ～）

morden times (1949-)

每屏高 21、宽 9.8 厘米

常州工艺美术研究所移交

　　常州留青竹刻有以徐素白为首的徐派和以白士风为首的白派两大流派。由于徐派的风格偏写意，白派则更重写实，所以有着"天下留青看徐白"之说。

　　白士风（1923–1997）是白派开宗创始人，人称留青竹刻"泰斗"，现代竹刻艺术的代表大师之一。自上世纪 40 年代开始涉猎"留青"后，他刻苦钻研，不断创新，成为了竹刻艺术承前启后的先导者，为常州竹刻艺术的发展作出了卓越的贡献。

　　白士风在刻工上恪尽传统，而在形制上却锐意创新，他把过去比较单纯的臂搁、笔筒，扩展到用红木镶嵌的台屏、挂件、笔筒及屏风上，大大扩展了留青竹刻在民间的生存空间。此屏风为现代竹刻艺术大师白士风珍贵遗作，作品共六屏，内容皆为花鸟逸趣，每一屏中皆有鸟儿俏立于花枝，或昂头或俯身或远眺或回望，花鸟姿态逼真自然，纤毫毕现，恪守了白氏一贯"工细"的写实风格，为白士风诸多遗作中之精品。

范遥青留青陷地刻《清白人间》 | Green-retaining Bamboo Carving *Innocent World* by Fan Yaoqing

现代（1949～）

morden times (1949-)

高 25.4、宽 13.5、厚 1.2 厘米

2017 年常州天宁区剔筠轩艺术工作室征购

范遥青，1943 年生，当代著名竹刻家，非物质文化遗产留青竹刻江苏省代表性传承人。少年时便编扎鸟笼、执刀刻竹。后蒙受著名竹刻家白士风先生指导，专攻留青。又拜于王世襄先生门下，探研陷地刻等多种刻法。其作品自然雅致、隽永、富有书卷气。1995 年，联合国教科文组织授予范遥青"民间工艺美术家"的称号。其竹刻作品被伦敦、纽约、香港等博物馆收藏，并被收入各种权威的竹刻专著中。

此为范遥青所作之精品，用陷地浅刻手法刻画主体，白菜、青虫、飞蝶、秋蝉等刻画精微、栩栩如生。又用留青平雕技法题款和钤印，手法独特、别具一格，为近年来工艺界不可多得之佳作。

徐秉方留青竹刻台屏《礼拜》
Table Screen *Religious Service* of Green-retaining Bamboo Carving by Xu Bingfang

现代（1949～）

morden times (1949-)

高 13、宽 15 厘米

2006 年徐秉方处征购

　　徐秉方，1945 年生，当代著名留青竹刻艺术大师，非物质文化遗产留青竹刻国家级代表性传承人，近现代常州竹刻名手徐素白之子。他历经四十余载俯首面竹图志，潜心刻竹，钻研书法、画艺、篆刻，觉悟先人留青技法精髓，勤奋奏刀攀登艺术新境界，赢得"海内留青第一家"美誉。而徐秉方融进时代审美情趣，追求更高层次的艺术韵味和诗的意境，他的留青山水在"工""巧"的基础上，大胆吸收了国画写意的技法，创造出前无古人新境界。

　　正如他所创作的竹刻台屏《礼拜》，以写意营造朦胧感和诗画意境，从近处松石小径到远处巍巍群山，勾勒出宁静淡雅、朦胧清远的画面感，给人一种博大幽深的大境界。而在技法上，则运用反差、虚实、疏密等对比手法，虚实相生，刀味画意甚浓，给人眼前一亮之感，故此件留青竹刻作品堪称徐秉方代表作。

周蕴华剪纸《篦箕巷之春》 | Paper-cutting *Spring in Biji Lane* by Zhou Yunhua

现代（1949～）

morden times (1949-)

长 110.5、宽 77 厘米

2008 年周蕴华捐赠

　　周蕴华，1935 年生，国家高级美术师、著名剪纸艺术家。自 1955 年至今，从事群众美术事业和美术创作六十余年。其剪纸作品在传统中创新，具有独创性和鲜明个性，在国内外剪纸领域中享有很高声誉。几十年来，周蕴华带领全家前后共创作了数千件剪纸作品，有 200 多幅作品参加国内外展览，所创剪纸作品多次荣获全国展金奖，并出版有多部剪纸作品集。周蕴华家庭剪纸传承、延续了常州民间剪纸的艺术精华，并吸收了中国画、版画等创作手法，形成了颇有江南地方特色的剪纸艺术风格。

　　《篦箕巷之春》为周蕴华家族"延陵刻痕"剪纸系列精品之一。作者借鉴了黑白版画的表现语言，生动刻画了春和日丽下的篦箕巷盛景。古运河畔、长街幽巷、白墙黛瓦、傍水人家，好一派旖旎的江南风光。作品吸收了木刻版画因素、黑白、线面、疏密、曲直的对比十分强烈，刀法流畅，节奏鲜明，富有浓郁人文意韵和生活气息。

－ 地方戏曲 －
Local Traditional Opera

　　常州滩簧发源于常州一带，形成于清乾隆年间，是在本地民间山歌小调、宣卷、唱春、调采茶和南词等基础上，吸收外地的山歌小调，尤其是凤阳花鼓，逐渐发展而成的。早期内容多为反映农村日常生活和风土人情，具有浓郁的乡土味和鲜明的反礼教色彩，引起了官府的不安，曾数次遭到官方禁演。一些演员被迫去上海发展。"五四"运动后，受文明新戏的影响，常州滩簧改称常州文戏。由于常州与无锡戏班的合作表演，遂改称常锡文戏，并在此基础上发展出"常锡剧"，即今天的锡剧。

戏文故事纹砖一组 | A Group of Bricks Patterned with Drama Stories

清（1644～1911）

Qing period (1644-1911)

长 47.2～60、宽 29～31.4、厚 4.8～6.1 厘米

征集

清代常州地区戏曲艺术繁荣，包含戏文故事内容的砖雕成为许多古建筑上的经典装饰。例如这组戏文故事砖，取材于《尧帝访舜》《薛仁贵征东》等传统戏曲故事。如《尧帝访舜》描绘了舜帝为民时，曾耕种于历山，因其仁德孝行感动上苍，便有大象为之耕田、飞鸟为之耘草，即"象耕鸟耘"。后来尧帝与大臣义仲、放齐赴历山暗访，考察舜之贤德，最终将帝位禅让于舜。这组砖雕布局严谨、造型生动、雕工精湛，砖雕上的人物表情细腻，衣纹流畅，动作优美，极富生活气息，是江南地区砖雕艺术的精品，具有较高的艺术价值和历史价值，为研究地方戏曲文化和砖雕艺术提供了宝贵的实物资料。

－ 辉 煌 金 榜 －

Glorious Roster of Successful Candidates

常州地区深厚的人文积淀从历代的辉煌金榜可见一斑。自隋唐开科取士以来，常州先后出了 11 名状元（以现常州市所辖地域为统计范围），2920 名进士。历代济济的人才，构成常州历史上一道引人注目的风景线。有人曾作过专门的统计，指出常州历史上的人才数仅次于北京、苏州和杭州，在中国居于第四位。

镂雕云龙纹端砚 | Duan Inkstone Carved Dragon and Cloud

清（1644～1911）
Qing period (1644-1911)
长 41、宽 31.5、厚 7 厘米
馆藏

椭圆形、端石制，石质黝黑细腻，隐约泛紫。随天然石形而作，砚堂开阔平直，砚池深陷，内雕水波纹，周围镂雕云龙纹，一大一小两只龙头相对，上部另有一小龙，均作吞云吐雾状，砚背凹陷。砚台是"文房四宝"之一，在古人文化生活中占据重要地位。我国历代名砚按产地分又有"端、歙、洮、澄泥"这四种，端砚产自广东，石质细腻，温润如玉，用其研墨，发墨快，墨汁细滑不迟滞。又因端砚质地软硬适宜，易于精雕细琢，故造型多变、广受喜爱。

刻"养一先生"像端砚
Duan Inkstone Carved a Portrait of Master Yang Yi

清（1644～1911）
Qing period (1644-1911)
长 25、宽 18、厚 3.6 厘米
馆藏

长方形、端石制，砚石黑中泛紫，长方形砚堂光滑无纹饰，一端凹陷作砚池。砚背上部边缘刻"养一先生之象"六字，中部刻养一先生肖像，身着长衫，手执竹杖，气质儒雅。像旁另刻有毛岳生创作并书写，孔宪三摹刻的铭文。养一先生，为清代常州著名文学家、教育家李兆洛的晚年自号。李兆洛（1769-1841），字申耆，他革除经史考据之弊，崇尚经世致用之道，对魏源、龚自珍等人皆有深刻的影响，是常州学派重要的继承人和发扬光大者，也奠定了常州学派在晚清学界的地位。这方端砚应是李兆洛晚年所用之物，见证了先生与毛岳生、孔宪三等江南文人的交往，弥足珍贵。

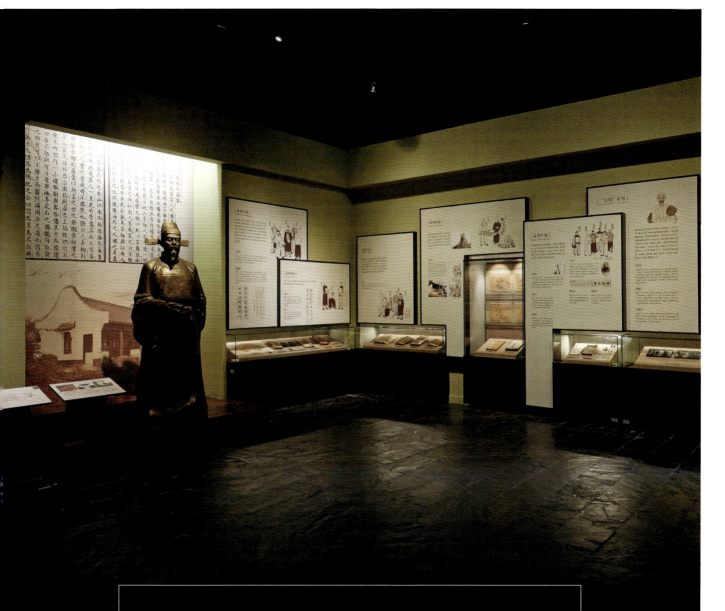

– 经世致用的学者们 –
Scholars of Practical Knowledge

　　明清之际常州人文传统的光大，突出表现在对创新意识的追求和对社会进步的关注。明代古文运动的代表唐荆川是这一时代具有纪念碑意义的人物，他倡导的经世致用学风，影响和感染了一代代学者。到了清代，不仅涌现出赵翼等一大批才华横溢的诗人与学者，而且出现了震荡着清代学坛的"常州五大学派"，在多个知识领域举起了自己飘扬的旗帜。

"荆川舅"铭铜镜 | Bronze Mirror with Inscription of "Jingchuan's Uncle"

明（1368 ～ 1644）

Ming period (1368-1644)

直径 12.3、厚 0.8 厘米

1979 年调拨

该镜系明代抗倭名将唐荆川遗物。圆形、圆纽，纽顶平，有穿孔。镜背有一篇完整的铭文"荆川舅镜铭：吾杜吾德，鬼神莫测；匪曰形模，实维心则；有动于中，遂微于色；维暸与眊，维晔与墨；宜鉴于此，其永无愿。嘉靖乙卯岁，毗陵董言礼谨识"。铭文内容为当时铜镜铭文的流行格式，但通过这篇铭文，可以了解到这枚铜镜的制作与著名散文家、抗倭英雄唐荆川有某种直接联系，时年唐荆川 48 岁。此镜器型完整，铭文清晰，是研究明代铜镜制造和抗倭名将唐荆川及其世系的有力物证。

唐顺之行草《广德道中七律扇面》

An Eight-line Poem whit Seven Characters to Each Line Handwritten in Running-cum-cursive

Script by Tang Shunzhi（fan face）

明（1368 ～ 1644）

Ming period（1368-1644）

纵 19.2、横 54 厘米

1959 年征集

　　唐顺之（1507－1560），字应德，一字义修，号荆川，人称"荆川先生"，江苏常州人。明代儒学大师、军事家、散文家、数学家，抗倭英雄。其平生著作达 50 多种 480 余卷，是著名的百科全书式学者，与归有光、王慎中并称为"嘉靖三大家"。

　　此扇面内容为唐顺之的自作诗《广德道中》，是在行经安徽广德时就所见所闻而作的七律田园诗。该诗文字优美，格调明快，动静结合，可谓诗中有画，描绘了一派安静祥和的世外桃源景象。书法也轻松自如，用笔劲健典雅，从头至尾一气呵成，韵味悠扬，字里行间洋溢出浓郁的书卷气，是一幅极为难得的诗书合璧之作。

恽寿平《蔬果册页》 | *Fruits and Vegetables Painted* by Yun Shouping（album leaves）

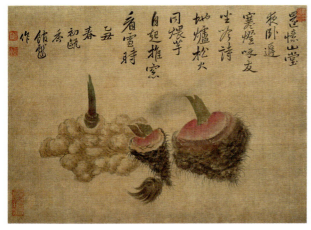
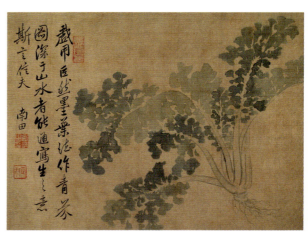
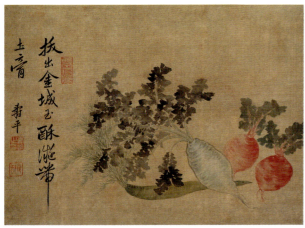
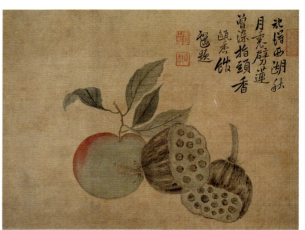

清（1644～1911）

Qing period (1644-1911)

纵 24、横 33.4 厘米

1964 年征集

　　恽寿平（1633—1690），原名格，字寿平，后以字行，改字正叔，号南田，与"四王"、吴历并称"清初六大家"，常州武进人。他诗文书画成就皆斐然，尤以没骨花卉最为世人所称道。他的花卉以北宋徐崇嗣没骨法为宗，重视写生，色彩明净，对明末清初花卉有"起衰之功"，被尊为"写生正派"，影响波及大江南北，为常州画派的开山鼻祖。

　　此四开册页描绘田园蔬果，皆为日常所见之物，在他灵动的笔墨点染之下，洒脱清隽，充满了生机，显得尤为亲切动人，体现了其"没骨法"绝妙的神韵。款字书法亦很精彩，得褚遂良神髓，优雅自然之中又法度谨严，与其画风可谓相得益彰。

黄仲则《两当轩全集》木刻雕板
Wood engraving printing of *Collected Works of Liang Dang Xuan* by Huang Zhongze

清（1644～1911）
Qing period (1644-1911)
每块长 26.2、宽 17.2 厘米
黄葆树捐赠

　　黄景仁（1749-1783），字汉镛，一字仲则，号鹿菲子，常州府武进县人，宋朝诗人黄庭坚后裔，清代诗人。黄仲则少年时即负诗名，其在世时诗文影响就很大，又精于书法与金石之学，可谓诗、书、印三绝型的通才。他和王昙并称"二仲"，和洪亮吉并称"二俊"，为"毗陵七子"之一。诗词多抒发穷愁不遇、寂寞凄怆之情怀，也有愤世嫉俗的篇章，包世臣评说："乾隆六十年间，论诗者推为第一。"

　　这批雕版因历史上曾多次刷印，故已变为墨色。图中两块为单面刻，一块左边刻"两当轩全集"，右边刻"光绪二年，家塾校梓"；另一块左边为仲则先生小像右边刻字；其余均为双面刻字。这批雕版虽然不全，但为当时的印刷底板，具有特殊的历史和文化价值。

　　《两当轩全集》由黄仲则之孙黄志述于咸丰八年（1858）所编，但雕板不幸毁于1860年的太平天国战火中，刊本留下的也很少。随后黄志述之妻吴氏靠"节衣缩食，勤力针黹"，历时十数年，于光绪二年（1876）重刊诗集，成为长期通行本。《两当轩全集》共22卷，其中诗16卷，词3卷，诗词补遗及遗文3卷。其题名"两当轩"取自黄仲则的书斋名，有学者认为"两当"源于《史通·隐晦》篇"以两当一"，是自谦之意；也有学者推测是因其所居厢房狭小，既当书斋又当寝室，因此称"两当"。

费伯雄著《医醇賸义》 | *Medical works Yi Chun Sheng Yi by Fei Boxiong*

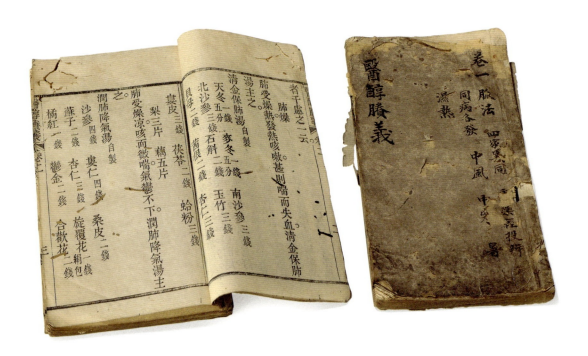

清（1644～1911）

Qing period (1644-1911)

长 24、宽 18 厘米

2006 年常州圩塘镇顾村陈汉卿处征购

　　费伯雄（1800—1879），字晋卿，号砚云子，江苏武进孟河人氏，出身于医学世家，是费家世医第七代。年轻时考中秀才，因淡泊名利，不屑于仕途，故悉心钻研医术，继承家学，由儒而医，后成为清代著名医家。咸丰同治年间（1851—1874）医术闻名于大江南北，方圆数百里外患疑难杂症登门求治者、各地医家质难问疑者络绎不绝，还先后为道光朝太后及道光皇帝诊治疾病。

　　《医醇賸义》为费先生晚年所著，本书原名为《医醇》，有二十四卷，初刻于 1859 年，但未及印刷完成，毁于兵火战乱之中。作者晚年回忆战乱中所遭受的痛苦，尤其痛惜《医醇》一书未能付梓，加之老病日增，左足偏废，步履艰难，坐卧一室，乃凭记忆追忆原书《医醇》内容，但"不及十之二三"，遂改名为《医醇賸义》。

从青果巷走出来
Coming out of Qingguo Lane

　　市河北岸有条"青果巷"。数百年来，这条长仅数百米的小巷不仅走出近百名进士，而且走出一批享誉中华的优秀人物：明代"唐宋派"首领之一的唐顺之，清代书画家汤贻汾，中国近代工商业开拓者盛宣怀，清末谴责小说家李宝嘉，中国新文化先驱瞿秋白，国际知名语言学家赵元任，法学家张志让等等，然而，在人才辈出的常州，青果巷只是一个缩影。当这个行色匆匆的人群从青果巷，从常州的大街小巷中走出来，在成就了辉煌的业绩后，又融入在历史的洪流中，我们真切地感受到常州历史深厚的人文积淀。从这个意义上，青果巷既是窥视常州历史的一扇窗口，又成为常州人民承前启后，迈向现代社会的新起点。